INTERPRETATIONEN DEUTSCH

STEFAN ZWEIG

Die Schachnovelle

Interpretiert von
Bertold Heizmann

STARK

Bildnachweis
Titelbild: Szenenfoto aus der Dramenfassung am Altonaer Theater (2010); © Joachim Hiltmann
S. 3 und 7: © Williams Verlag AG, Zürich, 1976
S. 20: © Lucja Mróz-Raynoch, Kraków
S. 25 und 67: © VG Bild-Kunst, Bonn 2006
S. 37: © defd
S. 78 und 79: © Cinetext

ISBN 978-3-89449-784-2

www.stark-verlag.de
1. Auflage 2006

Inhalt

Autor: Dr. Bertold Heizmann

Vorwort

Liebe Schülerin, lieber Schüler,

diese Interpretationshilfe zu Stefan Zweigs *Schachnovelle* ermöglicht Ihnen eine gezielte Vorbereitung auf die Lektüre des Werkes im Unterricht sowie auf Klausuren.

Der Band beginnt mit einem kurzen Überblick über die **Biografie** des Autors sowie über die Entstehungsgeschichte dieser letzten dichterischen Arbeit Stefan Zweigs. Es folgt eine ausführliche **Inhaltsangabe**, in der bereits manche Schlüsselbegriffe des Textes durch direkte Zitate hervorgehoben sind.

Das Kapitel **Textanalyse und Interpretation** stellt den Hauptteil der Interpretationshilfe dar. Darin wird zunächst auf die Novellenform eingegangen sowie auf den Textaufbau, der eine Zuspitzung zweier Parallelhandlungen auf das Ende hin erkennen lässt. Ein zweiter Abschnitt beschäftigt sich mit den beiden Erzählern und der Erzählperspektive der Novelle. Anschließend werden die wichtigsten Figuren charakterisiert. Das **zentrale Motiv** des Schachspiels wird unter verschiedenen Aspekten untersucht: Zunächst werden einige Grundzüge des Spiels erläutert, dann wird auf die Bedeutung des Schachspiels in der Novelle, die Frage des Dilettantismus sowie die im Text behandelte Problematik des Spielens gegen sich selbst eingegangen; der Duellcharakter der Schlussszene wird daraufhin befragt, inwieweit hier der zeitgeschichtliche Hintergrund des Nationalsozialismus mit hineinspielt. In einem weiteren Abschnitt stehen die Sprache der Figuren und der Erzählstil Stefan Zweigs zur Diskussion. Die **Interpretationen von Schlüsselstellen**, in der die Ergebnisse der Untersuchung noch einmal gebündelt sind, zeigen exemplarisch, wie das Werk, ausgehend von einer konkreten Textstelle, gedeutet werden kann.

Am Ende des Bandes finden Sie Hinweise zur **Rezeption** der Novelle; dort wird auch auf die **Verfilmung** des Werkes eingegangen.

Die **Literaturhinweise** sollen eine vertiefende Beschäftigung mit der Novelle erleichtern.

Bertold Heizmann

Einführung

Die *Schachnovelle* ist Stefan Zweigs letztes dichterisches Werk; er hat das Manuskript noch einen Tag vor seinem Freitod selbst zur Post gebracht. Allerdings war er sich des Erfolges nicht sicher, weil er meinte, die Thematik sei allzu speziell. Aber diese Befürchtung bestätigte sich nicht; die *Schachnovelle* ist die wohl beliebteste und meistgelesene Erzählung des Autors und wird häufig als Schullektüre eingesetzt.

Dieser Erfolg hat verschiedene Gründe. Zum einen ist die Novelle flüssig und spannend geschrieben; die Handlung ist so strukturiert, dass sie auf ein dramatisches Finale hinausläuft. Die **Zeichnung der beiden Hauptcharaktere** erfolgt **mit großer psychologischer Einfühlung**. Diese ist ohnehin Zweigs Stärke – nicht zufällig ist er vor allem durch seine Biografien berühmt geworden. Insbesondere das Schicksal seines Helden, in dem man unschwer autobiografische Züge erkennen kann, geht dem Leser nahe. Diese **Einbindung der Handlung in das Zeitgeschehen**, also die Auseinandersetzung mit dem Nationalsozialismus, dürfte ein weiterer wesentlicher Grund für den Erfolg des Buches sein. Zweig liefert eine eindringliche Studie, wie der Nationalsozialismus in die beschauliche und einer langen Kulturtradition verpflichtete alte Welt einbricht und Angehörige von Minderheiten sowie unliebsame Andersdenkende verfolgt, drangsaliert, sie zum Exil zwingt oder umbringt. Der Held der *Schachnovelle* wird Opfer dieser Verfolgung und zerbricht fast daran. „Schach" ist in seiner Situation mehr als ein Spiel: Es rettet zunächst seinen Geist, treibt ihn aber dann zweimal fast in den Wahnsinn. Offen bleibt dabei die Frage, ob dies symbolhaft als Niederlage der Vernunft gegenüber dem Naziterror gedeutet werden kann oder ob es versöhnlichere Perspektiven gibt.

Die *Schachnovelle* verschafft heutigen Leserinnen und Lesern Einblicke in das dunkelste Kapitel der deutschen Geschichte und zugleich in die Abgründe der menschlichen Seele. Der Schluss der Geschichte bleibt offen – so wie die Schiffsreise, die den äußeren Rahmen für die Handlung darstellt, noch nicht beendet worden ist. Die Vorstellungskraft des Lesers ist gefordert, die Fragen zu beantworten, die die Erzählung aufwirft.

Nicht wenige Zeitgenossen haben den Freitod Stefan Zweigs als eine verantwortungslose Flucht und somit als einen Sieg der Unkultur angesehen. Die *Schachnovelle* könnte aber durchaus als Dokument dafür gelesen werden, dass Geist und Kultur gegen Ungeist und Barbarei nicht auf verlorenem Posten stehen müssen.

Biografie und Entstehungsgeschichte

1 Biografie

Vergiß! sagte ich mir. Flüchte dich, flüchte dich in dein innerstes Dickicht, in deine Arbeit, in das, wo du nur dein atmendes Ich bist, [...] wo einzig dein bißchen Verstand noch vernünftig wirken kann in einer wahnsinnig gewordenen Welt.

Diese auf sein eigenes Leben bezogenen und somit umso anrührender wirkenden Worte Stefan Zweigs finden sich in seiner autobiografischen Schrift *Die Welt von Gestern* (S. 487). Es ist ein langer Weg von der behüteten, weitgehend sorglos verbrachten Jugend des aus großbürgerlichen jüdischen Kreisen Wiens stammenden Autors bis zu der von Depressionen gekennzeichneten Phase des Exils, in der er eine derart resignative Rückschau hält.

Stefan Zweig (1881–1942), um 1940

Da dieser letzte Lebensabschnitt auch derjenige ist, in dem die *Schachnovelle* entsteht, gewinnt das Zitat noch eine zusätzliche Bedeutung.

Was Zweig zu vergessen sucht, ist der endgültige Niedergang des alten Europa, das infolge des Hitler-Krieges einer Katastrophe entgegentaumelt, die die Zerstörung all der Werte, die einem geistig regen und kulturell gebildeten Menschen wichtig sind, bringen muss. Ohnmächtig hatte der anerkannte und millionenfach gelesene Schriftsteller Stefan Zweig mit ansehen müssen, wie zuerst in Deutschland, dann auch in seiner eigenen Heimat Österreich die Barbarei des Nationalsozialismus um sich griff, die ihm alles raubte, was ihm wert war: sein Vermögen, seine Freunde, seine Familie, vor allem aber seine Sprache, sein geistiges Umfeld. Seine Möglichkeiten, effektiven Widerstand zu leisten, schätzte er selbst als gering ein. Dieses Thema – die Ohnmacht der Vernunft angesichts des Ungeistes – hat ihn über weite Strecken seines Lebens begleitet und dominierte sein letztes Lebensjahrzehnt.

Stefan Zweig wurde am 28. November 1881 in Wien als Sohn des wohlhabenden jüdischen Textilfabrikanten Moritz Zweig und dessen Frau Ida geboren. **Schon als Gymnasiast** eignete er sich eine **breite literarische Bildung** an und begann, **eigene Gedichte** zu schreiben, von denen einige in Zeitschriften veröffentlicht wurden; der Gedichtband *Silberne Saiten* erschien 1901, ein Jahr nach seinem Abitur. Zweig studierte in Wien Philosophie und Literaturgeschichte. Daneben unternahm er ausgedehnte Reisen, insbesondere nach **Frankreich**. Überhaupt bildeten Frankreich und die französische Literatur einen Schwerpunkt seines Studiums und seines Interesses: So veröffentlichte er Übersetzungen der Gedichte von Paul Verlaine und Charles Baudelaire, schrieb eine Doktorarbeit über Hippolyte Taine (1904) und Monographien über Verlaine (1905) sowie über den französischsprachigen belgischen Dichter Emile Verhaeren (1910). Auch **mit eigenen literarischen Arbeiten** – als Lyriker und als Dramatiker – war er **erfolgreich**.

Weitere Reisen führten ihn nach England, wo er sich mehrere Monate aufhielt, aber auch nach Südostasien sowie nach Nord- und Mittelamerika. Der **Erste Weltkrieg** stellte den überzeugten Pazifisten vor ein ernstes Problem; um dem Wehrdienst zu entgehen, meldete er sich freiwillig zur Arbeit im Kriegsarchiv.

Er lernte **Friderike von Winternitz** kennen und zog mit ihr in die **Schweiz** (Zürich), wo er als Korrespondent der Wiener Tageszeitung *Neue Freie Presse* arbeitete. Immer wieder kam es während der Schweizer Jahre trotz der angespannten Weltlage zu Begegnungen mit anderen Schriftstellern (etwa Hermann Hesse oder James Joyce), mit denen er sich anfreundete. Nach Beendigung des Krieges kehrte er nach Österreich zurück und bezog mit Friderike, die er 1920 heiratete, ein Haus in **Salzburg**. In den folgenden Jahren – „jene Jahre der letzten Windstille" (*Die Welt von Gestern*, S. 392) – war Zweig äußerst produktiv; große **Verkaufserfolge** wurden der Novellenband *Verwirrung der Gefühle* (1926) sowie die „historischen Miniaturen" *Sternstunden der Menschheit* (1927). In rascher Folge erschienen weitere Dramen, Novellen und Biografien. Außerdem betätigte sich Zweig als Übersetzer, Herausgeber und Essayist. Nach wie vor reiste er viel und pflegte die Kontakte zu Schriftstellerkollegen. In diesen Jahren erhielt er zahlreiche Ehrungen und Auszeichnungen. Zweig stand auf der Höhe seines Ruhmes.

Die **Ausbreitung des Nationalsozialismus** in Europa verfolgte Stefan Zweig mit äußerster Besorgnis, aber wie viele Intellektuelle seiner Zeit unterschätzte er zunächst die Gefahr, weil er sich nicht vorstellen konnte, dass dieser „Bierstubenagitator" Hitler (*Die Welt von Gestern*, S. 411) sich in dem Land, das Bildung und Herkunft so hoch schätzte, lange würde halten können. Jedoch wurde er eines Anderen belehrt: Auch seine Bücher wurden im Mai 1933 von den Nationalsozialisten verbrannt und er gelangte – wie etwa auch sein Freund Joseph Roth – zu der Erkenntnis, Opfer der nationalsozialistischen „Täuschertechnik" (*Die Welt von Gestern*, S. 414) geworden zu sein. Joseph Roth hatte ihm bereits am 6. April 1933 geschrieben: „Unsere ganze Lebensarbeit ist – im irdischen Sinne – vergeblich gewesen. [...] Jede Hoffnung ist sinnlos. Diese ‚nationale Erneuerung' geht bis zum äußersten Wahnsinn. Es ist genau die Form der in der

Psychiatrie bekannten Manisch-Depressiven. So ist dieses Volk. Man kann nur still abwarten …".[1] Trotzdem konnte sich Zweig nur schwer mit dem Gedanken abfinden, dass er, der sich niemals politisch geäußert oder betätigt hatte, nun auf einmal ein „Staatsverbrecher" oder „Volksschädling" sein sollte.

Noch gefiel sich das alte Österreich in der Rolle des souveränen Staates; zeitweise wurde die nationalsozialistische Partei hier sogar verboten, in Wien kam es zu bürgerkriegsähnlichen Zuständen. Unter dem Eindruck dieser öffentlichen Lage siedelte Zweig im Februar 1934 nach **London** über; dort war er für einige Zeit glücklich, weil er mithilfe der Arbeit (an der Biografie *Maria Stuart*) die aktuelle Weltlage verdrängen konnte. Als er jedoch für einen kurzen Besuch wieder nach Salzburg zurückkehrte, wurde er Zeuge der Willkürherrschaft: Sein eigenes Haus wurde ohne richterlichen Befehl durchsucht.

In den folgenden Jahren unternahm Zweig erneut viele Reisen, unter anderem nach Südamerika und in die USA. Vor allem **Brasilien** war für ihn „ein Land der Zukunft" – so der Titel eines Buches, das er über dieses Land schrieb.[2] Er begann ein Liebesverhältnis mit der wesentlich jüngeren **Lotte Altmann**, die seit 1934 seine Sekretärin war und die ihn bewunderte; ab 1938 begleitete sie ihn auch auf seinen Reisen. Am 24. Dezember 1938 ließ sich Zweig von Friderike scheiden. Im September des Folgejahrs ging er – mit Lotte – eine zweite Ehe ein. Dennoch riss die Beziehung zu seiner ersten Frau nie ganz ab; sie blieb bis zuletzt Adressatin vieler seiner Briefe, gerade in Bezug auf seine schriftstellerische Produktion legte er auch nach der Trennung Wert auf ihr Urteil.

Den Kriegsausbruch erlebte Zweig nicht mehr in London; er war in das beschaulichere Bath gezogen. Am 12. März 1940 erhielt er die britische Staatsbürgerschaft. Dies konnte ihn jedoch nicht glücklich stimmen, denn er war in seinem Wirkungskreis stark eingeengt. Man begegnete ihm – als ehemaligem „Reichsdeutschen" – mit Misstrauen. Deshalb setzte er seine rastlose Reiseexistenz fort und entschied sich schließlich, eine Einladung des brasilianischen Staates anzunehmen und sich in **Brasilien** niederzulassen. Im August 1941 kam er in Rio de Janeiro an und wurde fast wie ein hoher Staatsgast empfangen. In **Petrópolis**, einem beschaulichen Kurort, bezog er mit seiner Frau ein Haus; er vollendete seine Autobiografie und schrieb die *Schachnovelle*.

Stefan Zweig Ende der Dreißigerjahre im britischen Exil

Aber auch dieses weit abgelegene Exil löste in ihm zwiespältige Empfindungen aus. Einerseits genoss er das Umfeld: Seit seinem Besuch 1936 liebte er Brasilien, dieses „wundervolle Land". Er erfreute sich des angenehmen Klimas und der als befreiend empfundenen Weite dieses großen Landes, insbesondere aber der Weltoffenheit, mit der er empfangen wurde, und der Achtung, fast schon Begeisterung, die seinen Werken entgegengebracht wurde. Ungeachtet des Nebeneinanders vieler ethnischer Gruppen herrschte Toleranz gegenüber Minderheiten; dies vermerkte der jüdische Autor, dessen Bücher von den Nationalsozialisten verbrannt worden waren, mit Zufriedenheit und Genugtuung. Andererseits aber fehlte es ihm an dem, was ihm am Wichtigsten war: an der Möglichkeit, sich in der geliebten deutschen Sprache, die er so meisterhaft beherrschte, zu bewegen. Auch wenn diese nun in seiner Heimat zum Idiom der Barbarei geworden war, konnte er sie nicht einfach ablegen: „Ein Schriftsteller vermag wohl sein Land zu verlassen, nie aber kann er sich lösen von der Sprache, die in ihm denkt und schafft."[3] Er, der sein Leben lang begeistert Fremdsprachen gelernt und gesprochen hatte, weigerte sich nun, Portugiesisch zu lernen. Trotz gelegentlicher Besuche von Landsleuten und Freunden – so hatte sich etwa Ernst Feder, der frühere Redakteur des *Berliner Tageblatts,* in seiner Nähe niedergelassen und kam öfter zum Schachspiel – **fühlte er sich mehr und mehr allein gelassen, geradezu abgesperrt**; er vermisste Zeitungen, Zeitschriften, Freundeszirkel, in denen er sich als Kämpfer gegen den Krieg hätte betätigen können, wie er dies im Ersten Weltkrieg getan hatte. Gerne hatte er auch Not leidenden Kollegen geholfen – so hatte er etwa Joseph Roth finanziell unterstützt; auch diese Liebesdienste waren ihm jetzt nicht mehr möglich. Sodann machte ihm das Alter zu schaffen; er fühlte sich „erschöpft" und sah sich mit sechzig Jahren außerstande, „noch einmal völlig neu zu beginnen". All dies kann als Ausdruck einer tiefen Depression verstanden werden, zu der er ohnehin neigte. Bereits zehn Jahre früher, anlässlich der Feier seines 50. Geburtstages in München, hatte er seinem Freund Carl Zuckmayer anvertraut: „Die Welt, die wir geliebt haben, ist unwiederbringlich dahin. Und zu dem, was später kommt, können wir nichts mehr beitragen. Unser Wort wird nicht mehr verstanden werden [...] Was hat es für einen Sinn, daß man als sein eigener Schatten weiterlebt? Wir sind doch nur Gespenster – oder Erinnerungen."[4] Diese düstere Prophezeiung schien sich nun durch die politischen Ereignisse auf das Schlimmste zu bestätigen. Stefan Zweig sah seine geistige Heimat Europa infolge der um sich greifenden Herrschaft der Nationalsozialisten einer vermeintlich unumkehrbaren Selbstvernichtung ausgesetzt.

Zweigs **Resignation** steigerte sich zur **Verzweiflung**. Er beschloss, aus dem Leben zu scheiden. Am 22. Februar 1942 nahmen er und seine Frau Lotte sich gemeinsam mit einer Überdosis Schlafmittel das Leben. Zweig hinterließ ein Blatt in deutscher

Stefan Zweig im Sommer 1941, den er im Bundesstaat New York in den USA verbrachte. In dieser Zeit entstand die Autobiografie „Die Welt von Gestern“.

Sprache mit der portugiesischen Überschrift *Declaração (Erklärung)*. In diesem Abschiedsbrief an seine Freunde heißt es: „So halte ich es für besser, rechtzeitig und in aufrechter Haltung ein Leben abzuschliessen, dem geistige Arbeit immer die lauterste Freude und persönliche Freiheit das höchste Gut dieser Erde gewesen“, und er schließt mit den Worten: „Ich grüsse alle meine Freunde! Mögen sie die Morgenröte noch sehen nach der langen Nacht! Ich, allzu Ungeduldiger, gehe ihnen voraus.“ [5]

Auf dem Passagierschiff „Scythia“ reisten Stefan und Lotte Zweig 1940 von Europa nach New York.

Unter großer Anteilnahme der Bevölkerung wurde das Paar mit einem Staatsbegräbnis beigesetzt. Die Nachricht von dem Freitod des Schriftstellers wurde in der literarischen Welt zwiespältig aufgenommen. Mehrere Schriftstellerkollegen sahen darin eine „Botschaft der Verzweiflung“, die den geistigen Widerstand gegen die Bedrohung der Welt durch den Faschismus schwächen (so beispielsweise Julien Green) und somit jenen „unwiderstehlichen Geschichtsmächten“ zum „Triumph“ verhelfen könnte (Thomas Mann). Arnold Zweig und Klaus Mann hingegen lehnten eine solche moralische Bewertung des Selbstmords ab. [6]

2 Entstehungsgeschichte

Stefan Zweig „hat selbst gerne Schach gespielt, ohne allerdings je ein guter Spieler gewesen zu sein“ [7] – im Gegenteil: Selbst mittelmäßige Spieler haben ihn gelegentlich aus Mitleid gewinnen lassen. So berichtet etwa Ernst Feder, einer der wenigen Landsleute, zu denen er in seinem brasilianischen Exil persönlichen Kontakt pflegte und mit dem er öfter spielte: „[...] ich dachte, das Spiel, das er so liebte, würde ihn von seinen düsteren Gedanken ablenken. An sich war es kein Vergnügen, sein Gegner am schwarz-weißen Brett zu sein. Ich bin ein schwacher Spieler, aber seine Kenntnis der Kunst war so gering, daß es mich Mühe kostete, ihn gelegentlich eine Partie gewinnen zu lassen“.[8]

Weitaus häufiger kam es jedoch vor, dass Zweig keinen Mitspieler hatte, dann spielte er aus einem Buch, das er sich besorgt hatte, die Turniere berühmter Schachmeister nach. Aus dieser Beschäftigung ist die Idee zur *Schachnovelle* erwachsen, wie er in einem Brief an seine erste Frau Friderike am 29. September 1941 mitteilte: „[Ich] habe eine kleine Schachnovelle entworfen, angeregt davon, daß ich mir für die Abgeschiedenheit ein Schachbuch gekauft habe und täglich die großen Partien der Meister nachspiele.“ [9] Einem Freund schrieb er am 28. Oktober 1941, er habe „eine kuriose Novelle entworfen [...] – eine Schachnovelle mit einer eingebauten Philosophie des Schachs“.[10] Im Zustand fortgeschrittener Depression führte Zweig in einem seiner letzten Briefe (an Hermann Kesten, 15. Januar 1942) aus, das kleine Werk sei „zu abstrakt für das große Publikum, zu abseitig in seinem Thema.“[11] Wegen der Überzeugung, das Werk könne nur Schachkenner interessieren, sollte es lediglich in kleiner Auflage (als „Edition de luxe“) erscheinen. Er selbst aber liebte sein Sorgenkind: „Aber Sie wissen ja, dass Mütter ihre einerseits schwächlichen, andererseits begabten Kinder am zärtlichsten ans Herz drücken.“ [12]

Stefan Zweig beim Schachspiel; Aufnahme aus den späten Dreißigerjahren

Stefan Zweig brachte das Manuskript noch einen Tag vor seinem Freitod zur Post; die *Schachnovelle* erschien 1942 posthum in deutscher Sprache im Pygmalion-Verlag in Buenos Aires, und zwar, dem Wunsch des Autors folgend, in einer auf 250 Exemplare beschränkten Vorzugsausgabe.

Inhaltsangabe

Die Haupthandlung der Erzählung spielt sich an Bord eines Passagierdampfers ab, der von New York nach Buenos Aires fährt, und erstreckt sich über wenige Tage: Die Erzählung endet noch vor der Ankunft der insgesamt zwölf Tage (vgl. S. 19) in Anspruch nehmenden Reise; Zeit der Handlung dürfte aufgrund zahlreicher Indizien 1939 sein. Ein anonym bleibender Ich-Erzähler bemerkt kurz vor Ablegen des Schiffes aufgrund eines einsetzenden Presserummels, dass offensichtlich ein Prominenter an Bord gekommen sein muss. Von einem Gesprächspartner wird er darüber aufgeklärt, dass es sich dabei um den Schachweltmeister Mirko Czentovic handelt. Dieser ist dem Erzähler durchaus ein Begriff, und zwar nicht nur wegen seines Schachspiels. Er ist auch über seine bemerkenswerte Lebensgeschichte informiert, die im Folgenden ausführlich dargelegt wird: Mirko Czentovic stammt aus einem südslawischen Land, wurde dort in äußerst ärmliche Verhältnisse hineingeboren und mit zwölf Jahren Vollwaise. Seine geistigen Fähigkeiten ließen nicht im geringsten erahnen, dass in ihm ein Schachtalent schlummern könnte: Er galt als dumm und schwerfällig und schaffte kaum die Dorfschule. Sein besonderes Talent kam durch einen Zufall zum Vorschein. Dann aber trat er einen Siegeszug ohnegleichen in der Schachwelt an, bekam die entsprechende Förderung und Ausbildung und wurde bereits mit 20 Jahren Weltmeister. Allerdings schildert der Erzähler diese eigentlich bewundernswerte Erfolgsgeschichte in einer Weise, die Czentovic dem Leser keineswegs näher bringt. So zieht er Anekdoten aus der Presse heran (vgl. S. 8), in denen der Weltmeister wegen seiner offensichtlichen Unbildung – einer Beschränktheit, die er hinter

Arroganz, gepaart mit Habsucht und Ignoranz, versteckt – verspottet wird. Vor dem geistigen Auge des Lesers entsteht das Bild eines unsympathischen, lediglich auf sein Schachspiel konzentrierten Mannes, dem jegliche sonstige geistige Beschäftigung fremd bleibt.

Aber gerade wegen dieses vom Erzähler als „monomanisch" (S. 19) erachteten Charakters beginnt dieser sich für Czentovic zu interessieren und versucht, mit ihm in Kontakt zu treten. Da Czentovic sich solchen Annäherungen jedoch hartnäckig entzieht und unnahbar bleibt, verfällt der Erzähler schließlich auf die List, den Weltmeister auf dessen ureigenem Terrain, dem Schachspiel, aus der Reserve zu locken. Er findet einen Mitstreiter, den schottischen Geschäftsmann McConnor, dem es endlich – gegen Zahlung eines eigentlich unverschämt hohen Geldbetrages – gelingt, Czentovic zu einer Schachpartie herauszufordern. Ein Simultanturnier kann mangels ausreichend vorhandener Schachbretter nicht stattfinden. Also einigt man sich auf eine Partie, bei der einige Hobbyschachspieler unter den Mitreisenden – dazu zählt neben McConnor auch der Erzähler – gemeinsam gegen den Weltmeister antreten. Ihnen ist gestattet, sich untereinander zu beraten. Dennoch endet die Partie erwartungsgemäß mit einer „totalen Niederlage" (S. 33), und obwohl die Beteiligten sich durch die herablassende Art Czentovics geradezu gedemütigt fühlen, fordert McConnor, den die Spielleidenschaft gepackt hat, eine Revanche. Diese zweite Partie zieht sich dann, aufgrund einiger scheinbar errungener Stellungsvorteile, länger hin als die erste, droht aber schließlich wiederum zugunsten des Weltmeisters auszugehen. Eben ist man dabei, einen verhängnisvollen Zug auszuführen. In diesem Moment greift ein Unbekannter in das Spiel ein und empfiehlt, diesen vorgesehenen Zug, der nach wenigen weiteren Zügen zur Niederlage führen müsste, nicht durchzuführen, sondern anders zu taktieren; er begründet seinen Vorschlag, indem er den wahrscheinlichen weiteren Verlauf der Partie vorhersagt. Tatsächlich gelingt es auf diese Weise, dem scheinbar unbesiegbaren Weltmeister ein Remis, ein Unentschieden, abzutrotzen. Dieser zeigt sich durchaus beeindruckt; er schlägt sogar von sich aus eine dritte Partie vor, wobei er sich in beleidigender Weise nur an den neu hinzugekommenen Spieler wendet, den er als ernst zu nehmenden Gegner akzeptiert. Dieser lehnt jedoch „betroffen" ab und zieht sich auf sein Zimmer zurück.

Da der unbekannte Helfer infolge seiner Spielkunst den anderen als Experte erschienen ist, dessen Eingreifen fast etwas „Übernatürliches" (S. 38) an sich hatte, steht für sie fest, dass man den Versuch unternehmen müsse, ihn zu einer erneuten Partie zu überreden. Die Rolle des Vermittlers fällt dem Erzähler zu, da der mysteriöse Fremde, ebenso wie er selbst, ein Österreicher ist. Als der Erzähler mit dem Landsmann Kontakt aufnimmt, nennt dieser ihm seinen Namen, der dem Erzähler sogleich als der einer „hochangesehenen altösterreichischen Familie" (S. 46 f.) geläufig ist. „Dr. B.", wie der Erzähler den Landsmann fortan nennt – gleichsam aus Diskretion, um das Inkognito des anderen zu schützen –, erklärt sich nach einigen Bedenken bereit, eine Partie gegen den Weltmeister zu bestreiten. Zudem äußert er den Wunsch, den seltsamen Widerspruch zwischen seinen offensichtlich vorhandenen Fähigkeiten im Schachspiel und seiner Behauptung, er habe seit seiner Gymnasialzeit kein Schach mehr gespielt und auch damals keine besonderes Talent gezeigt, zu erklären, und vertraut dem Erzähler die ungewöhnlichen Umstände an, unter denen er sich eingehend mit dem Schachspiel beschäftigt hat.

Er gehörte – wie bereits sein Vater – einer Wiener Rechtsanwaltskanzlei an, die aber kaum öffentlich beachtete Fälle verhandelte, sondern sich in erster Linie und äußerst diskret um die Verwaltung der Vermögen sowohl der Kirche als auch des kaiserlichen Hofes kümmerte; diese Tätigkeit wurde mit der

Machtergreifung Hitlers in Deutschland (1933) dadurch erschwert, dass Hitlers Geheime Staatspolizei („Gestapo“) auch in Österreich Spione einsetzte. Ein solcher muss auch die Kanzlei Dr. B.s ausgekundschaftet haben; jedenfalls wurde er verhaftet, als Hitler in Wien einzog (1938). Man will ihn dazu bringen, seine Kenntnisse zu verraten. Er wird in einem Hotel untergebracht, was sich jedoch nicht als Vorzugsbehandlung, sondern als eine äußerst subtile Art der Folter erweist, nämlich als Isolationshaft. Der Gefangene wird völlig allein gelassen, hat keinerlei Ablenkung oder geistige Beschäftigung; der Wärter spricht kein Wort. Von Zeit zu Zeit wird er verhört. Anfangs versucht er noch, seine Gedanken zu ordnen, um nicht zum Verräter zu werden. Aber immer stärker wird er gewahr, wie teuflisch effektiv die Methode ist, mit der man ihn zu zermürben trachtet. Nach vier Monaten steht er kurz davor, seelisch zu zerbrechen und alles auszusagen, was man von ihm hören will.

Da führt ein Zufall zu einer Wende innerhalb seiner Haftzeit. Als er wieder einmal – es ist der 27. Juli [1938] – zu einem Verhör gerufen wird und im Vorraum lange warten muss, gelingt es ihm, ein Buch an sich zu bringen, das in einem der dort hängenden Mäntel steckt. Wieder in seinem Zimmer, nimmt er das Buch mit nervöser Erwartung zur Hand und ist maßlos enttäuscht, dass es sich um ein Schachrepetitorium handelt, mit dem er, der zuletzt in seiner Jugend etwas Schach gespielt hat, zunächst nichts anzufangen weiß. Aber er beginnt, sich mit den dort wiedergegebenen Meisterpartien zu befassen und sie nachzuspielen, indem er aus Brotteig Figürchen herstellt und auf seiner – glücklicherweise karierten – Bettdecke aufstellt. Bald ist er sogar imstande, ohne diese visuelle Hilfe auszukommen und die Partien blind nachzuspielen. Die neue Beschäftigung, die ihm Abwechslung bringt und mehr und mehr zum Genuss wird, gibt seiner Denkfähigkeit auch die erschütterte Sicherheit zurück; wie der Schachspieler strategisch vorgeht und die Züge des Gegners vorauszuberechnen versucht, so verhält er sich jetzt auch bei den Verhören und gibt sich keine weitere Blöße.

Allerdings bietet die Beschäftigung mit den 150 Partien aus dem Buch, die er nun bis ins Detail kennt, nach weiteren zweieinhalb bis drei Monaten (vgl. S. 76) keine Überraschung oder Spannung mehr; er gerät erneut an einen „toten Punkt" (S. 76) und weiß keine andere Möglichkeit als – in Ermangelung eines Partners – mit sich selbst, das heißt gegen sich selbst zu spielen – ein Weg, von dem er in seinem Bericht als einer „sonderbaren Irrbahn" spricht (S. 77); denn aufgrund der folgenden Ereignisse ist ihm nun klar, wie gefährlich die damals praktizierte Bewusstseinsspaltung für seine geistige Gesundheit war. In seiner Zelle wusste er sich aber keinen anderen Ausweg, weil er andernfalls befürchten musste, irrsinnig zu werden. Das Schachspielen gegen sich selbst nimmt jedoch ebenfalls zerstörerische Züge an. Er versetzt sich selbst in eine „künstliche Schizophrenie" (S. 82) und steigert sich in eine „Besessenheit" (S. 83) hinein. Diesen Zustand bezeichnet er später selbst als krankhaft. Er hat für ihn den Begriff „Schachvergiftung" erfunden (S. 85 f.). Besinnungslos schlägt er in dieser Verfassung wild um sich und verletzt sich dabei an der Hand. Wegen dieser Verletzung – und wohl aufgrund seines geistigen Zustands – wird er schließlich von seinen Peinigern entlassen; auch scheint er zu diesem Zeitpunkt als Informant für die Nationalsozialisten uninteressant geworden zu sein (vgl. S. 91). Er wacht in einem Krankenhaus auf, findet bald zu seiner geistigen Gesundheit zurück und verlässt auf Veranlassung der Machthaber seine Heimat; so erklärt er seinem Landsmann, dem Ich-Erzähler, seine Anwesenheit auf dem Schiff.

Sein Eingreifen in die Partie empfindet Dr. B. nachträglich als Unhöflichkeit, aber er habe nicht anders gekonnt. Für ihn sei es ein zu unerwartetes Erlebnis gewesen mitanzusehen, dass man Schach auf einem wirklichen Schachbrett spielen könne, dass man wirkliche Figuren dabei verwende und dass sich bei diesem

Spiel tatsächlich zwei wirkliche Menschen gegenübersäßen. Dieser Eindruck wirkte auf ihn so stark, dass er sich gegen seine Absicht ins Spiel gemischt habe. Unter diesen Voraussetzungen bittet er darum, sich von der für den nächsten Tag angesetzten Partie nicht allzuviel zu versprechen, da er lediglich überprüfen wolle, ob das, was er in der Zelle betrieben habe, Realität oder Wahnsinn gewesen sei. Auch stellt er die Bedingung, lediglich eine Partie zu spielen, mit der er, wie er sich ausdrückt, einen Schlussstrich unter eine alte Rechnung ziehen wolle. Um jeden Preis möchte er es vermeiden, sich noch einmal der Gefahr auszusetzen, in jenes Spielfieber zu verfallen, das ihn während seiner Haftzeit fast seine geistige Gesundheit gekostet hat.

Die Partie zwischen dem Weltmeister und Dr. B. findet dann am nächsten Tag unter großer Anteilnahme der anderen Passagiere statt. Anfangs ist Dr. B. – im Gegensatz zu dem wie immer verbissen wirkenden Czentovic – „locker und unbefangen" (S. 97); im Verlauf der Partie macht sich bei ihm jedoch, insbesondere wegen der langen Pausen, die Czentovic einlegt, „eine lähmende Ermüdung" bemerkbar (S. 98), die ihn selbst sichtlich zu irritieren beginnt. Dr. B. scheint sehr viel schneller zu kombinieren als sein Gegner, und nach einem Zug Czentovics, den Dr. B. lange vorausgesehen zu haben scheint, macht er einen Gegenzug und erklärt das Spiel für „erledigt" (S. 100). Czentovic muss sich geschlagen geben – dies tut er jedoch nicht sofort, sondern nach quälenden zehn Minuten. In dieser Zeit des Wartens beginnt Dr. B. unruhig auf- und abzugehen. Schaudernd erkennt der Ich-Erzähler, dass der ehemalige Häftling der Nationalsozialisten in diesem „Auf und Ab" eine Raumspanne abschreitet, die dem Ausmaß seiner damaligen Zelle zu entsprechen scheint, und er sieht in seinen Augen „die roten Lichter des Wahnsinns" aufleuchten (S. 101).

Entgegen seinem ursprünglichen Vorsatz willigt Dr. B. sofort in den Vorschlag Czentovics ein, noch eine weitere Partie zu spielen; auch die Warnungen des Erzählers – der die Veränderung, die in seinem Bekannten vorgeht, beklommen beobachtet hat –, Dr. B. möge es genug sein zu lassen, schlägt dieser mit aggressiver Abwehr aus. Tatsächlich bricht während der folgenden Partie sein Wahnsinn, die „Schachvergiftung", die er besiegt zu haben glaubte, wieder aus. In erster Linie liegt das an den absichtlich in die Länge gezogenen Spielzügen des Weltmeisters, der den wunden Punkt seines Gegners erkannt hat, sich endlos viel Zeit nimmt und immer mehr „versteint" (S. 106). Dr. B. glaubt sich mit der Zeit offensichtlich in einer anderen Partie und bietet Czentovic Schach, obwohl die Spielsituation dies nicht erlaubt. Das beherzte Eingreifen des Erzählers, der ihn hart am Arm packt und ihn an die Vergangenheit erinnert, indem er auf die Narbe auf seiner Hand hinweist, bringt Dr. B., der sich „wie ein Traumwandler" (S. 109) verhalten hatte, wieder zur Besinnung. Er spricht Czentovic, bei dem er sich höflich entschuldigt, den Sieg zu und verabschiedet sich von der Gesellschaft im Salon mit der Beteuerung, nie wieder Schach zu spielen. Das Schlusswort gehört Czentovic, der sich als Sieger fühlt und seinen Gegner hochmütig als „Dilettanten" abqualifiziert (S. 110, vgl. auch *Interpretationshilfe* S. 54 ff.).

Die Erzählung hat somit einen offenen Schluss. Über Dr. B.s weiteres Ergehen erfährt man nichts Sicheres. Der Erzähler glaubt jedoch zu wissen, dass er nie wieder ein Schachbrett berühren werde. Seine Mitreisenden, die sich an dem Schachwettkampf beteiligt haben, bleiben verwirrt zurück; sie vermitteln den Eindruck, als hätten sie selbst eine große Gefahr überstanden.

Diese Schlussbeobachtungen lassen es zumindest als denkbar erscheinen, dass Dr. B. in seinem Exil in Südamerika zur Ruhe kommt – so wie es Stefan Zweig für sich selbst auch erhofft hatte.

Grafik zur „Schachnovelle“ von Daniel Mróz.

Textanalyse und Interpretation

1 Struktur und Textaufbau

Der in der Geschichte der deutschen Literatur blendend informierte Stefan Zweig verweist mit dem Titel seiner Erzählung auf eine Textart mit langer Tradition: die **Novelle.**[13] Der Name dieser Erzählgattung beruht auf dem italienischen Wort für *Neuigkeit (novella)*. Die Novelle zeichnet sich durch eine klare Struktur aus und lässt sich vor allem aufgrund dieses Merkmals von dem zwar verwandten, aber wesentlich vielschichtigeren und ausufernden Roman unterscheiden: Ein einzelner Konflikt wird konzentriert und ohne Ausschmückungen oder Nebenhandlungen erzählt, die Entfaltung dieses Konfliktes und die **strenge Tektonik** (der Aufbau) des Textes lassen den Vergleich mit einem Drama zu, weshalb die Novelle nach einer berühmten Definition Theodor Storms auch als „Schwester des Dramas" bezeichnet wird. Oftmals wird die Kernhandlung in eine Rahmenhandlung eingebettet.

Die theoretische wie praktische Auseinandersetzung deutschsprachiger Autoren mit der Novelle beginnt in der Romantik, in der nach italienischen oder spanischen Vorbildern (Giovanni Boccaccio: *Decamerone*; Miguel de Cervantes: *Novelas ejemplares*) auch zahlreiche Novellen in Form von Novellenzyklen entstehen (Tieck: *Phantasus*; E.T.A. Hoffmann: *Die Serapionsbrüder*). Allerdings sind hier bereits Abweichungen von der ehemals strengen Form festzustellen, ebenso Übergänge vom Realen zum Symbolischen. Von Goethe, der einer seiner Erzählungen den paradigmatischen Titel *Novelle* gab, stammt die Definition, die Novelle sei „eine sich ereignete unerhörte Begebenheit". In der Erzählkunst des Realismus gehört die Novelle zu den beliebtesten Formen (etwa bei Autoren wie Gottfried Keller, Conrad Ferdinand Meyer und Theodor Storm); sie ist meist in einem objektiven Berichtstil verfasst. Die Novelle des 20. Jahrhunderts entzieht sich einer strengen Zuordnung in feste Kategorien; die Handlung bleibt oft fragmentarisch und orientiert sich an der Psychologie der Figuren.

Die *Schachnovelle* weist zahlreiche Merkmale auf, die sie mit der traditionellen Novelle verbinden, weicht allerdings auch in einigen Punkten vom Schema ab. Als **zentraler Konflikt** ist die Auseinandersetzung zwischen den beiden unterschiedlichen Charakteren auszumachen; wie in einem Drama spitzt sich die Handlung konsequent zu und weist, ähnlich wie bei Heinrich von Kleist (in *Michael Kohlhaas* oder in *Der Zweikampf*), infolge des tragischen Grundzuges symbolhaft über das erzählte Geschehen hinaus. Allerdings bleibt die *Schachnovelle* gegenüber den klassischen Vorbildern eher unabgeschlossen; der offene Schluss lässt mehrere Möglichkeiten zu, die Handlung gedanklich fortzusetzen.

Die Aufnahme der Gattungsbezeichnung in den **Titel** verleiht dem Text nach dem Beispiel Goethes den Charakter des Beispielhaften; auch Arthur Schnitzler nannte einen seiner Erzähltexte, der sich thematisch eng mit der Traumdeutung Sigmund Freuds berührt, bündig *Traumnovelle.* Dass der Regisseur Gerd Oswald für seine Verfilmung der Erzählung den literarischen Titel *Schachnovelle* beibehielt, zeigt, dass er sich dieses Hintergrundes bewusst gewesen ist.[14]

Zum **Umfang** der *Schachnovelle* hat Stefan Zweig in seinem Brief vom 15. Januar 1942 an den Schriftsteller Hermann Kesten, aus dem bereits zitiert wurde (vgl. *Interpretationshilfe* S. 11), angemerkt: „Ich habe eine Novelle geschrieben in meinem beliebtunglücklichen Format, zu groß für eine Zeitung und ein Magazin, zu klein für ein Buch …“[15]

Die Erzählung kommt ohne Kapiteleinteilungen aus; dennoch ist eine klare Struktur auszumachen:

Die Struktur der „Schachnovelle“

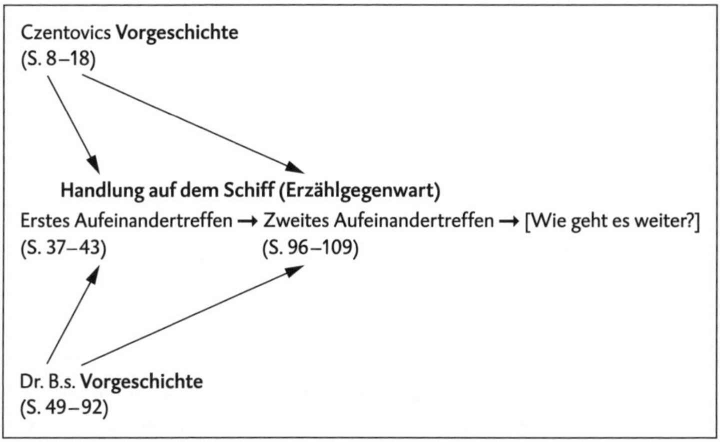

Die Textstruktur wird durch **die beiden Rückblenden** dominiert, die **die jeweilige Vorgeschichte** der beiden **Kontrahenten** zum Inhalt haben. Mit innerer Konsequenz läuft diese Struktur auf ein Aufeinandertreffen der beiden Gegner hinaus: Diese Konfrontation gestaltet Zweig in zwei Schritten, sodass sich folgende Erzählphasen ergeben.

Erzählphasen der „Schachnovelle“

1. Handlungsgegenwart	auf dem Schiff
2. Vorgeschichte I	Czentovics Jugend und Aufstieg bis zur Gegenwart
3. Handlungsgegenwart	das erste Aufeinandertreffen
4. Vorgeschichte II	Dr. B.s Gefangenschaft
5. Handlungsgegenwart	das zweite Aufeinandertreffen

Obwohl die Hauptfigur, Dr. B., erst nach gut einem Drittel der erzählten Handlung erstmals in Erscheinung tritt, ist der Text so konstruiert, dass es zu einer Konfrontation zwischen ihm und dem Schachweltmeister kommen muss. Dafür sorgen die zahlreichen eingestreuten Bemerkungen über Czentovics besondere Art Schach zu spielen, die sich grundsätzlich von der Spielweise der namentlich genannten Groß- und Weltmeister unterscheidet. Insbesondere wird vermittels der negativen Charakterisierung von Czentovic (vgl. *Interpretationshilfe* S. 33 ff.) im Leser der Wunsch geweckt, dass dieser kalte, plump-anmaßende und hochmütige Mensch seinen Meister finden möge. Die Textstruktur ähnelt somit der eines Genrefilms, etwa eines Westerns: Zunächst wird der ‚Bösewicht' in mancherlei Situationen präsentiert; er gilt als ‚unbesiegbar'. Dann tritt ein ‚Unbekannter' mit allen Eigenschaften eines positiven Helden auf. Es kommt zu einer ersten Auseinandersetzung, die noch keine Entscheidung bringt. Erst in der zweiten Auseinandersetzung, die den Charakter eines Duells *(Showdown)* annimmt, wird die Sache ‚ernst'. Aber einen ‚richtigen' Sieger gibt es – anders als in den meisten Western – nicht. Durch diesen Ausgang der Konfrontation wird der Leser provoziert, darüber nachzudenken, wie die Geschichte wohl weitergehen könnte.

Die Struktur des Textes wirft die Frage auf, inwieweit man die *Schachnovelle* als eine **Rahmenerzählung** bezeichnen kann. Von Rahmenerzählungen spricht man – Gero von Wilperts *Sachwörterbuch der Literatur* zufolge –, wenn Erzähltexte eine oder mehrere zeitlich früher spielende Binnenerzählungen aufweisen, sodass die erste Erzählebene die Funktion eines erzählerischen Rahmens erhält. Bei der gerahmten Einzelerzählung (die sich von der zyklischen Rahmenerzählung unterscheiden lässt) dient der Erzählrahmen häufig dem Zweck, die Glaubwürdigkeit der Binnenerzählung zu erhöhen. Der Erzähler verdankt seine Kenntnisse oft einer fingierten Quelle, die er dann von einem zweiten Erzähler berichten lässt, sodass er sich – für den Fall, dass das Berichtete unglaubhaft wirkt – darauf berufen kann, die angeblichen Geschehnisse ja nur aus zweiter Hand zu kennen. Musterbeispiel für diese Erzähltechnik ist Theodor Storms Novelle *Der Schimmelreiter*.

In mancher Hinsicht ähnelt Zweigs Text traditionellen Rahmenerzählungen: Die umfangreichen Vorgeschichten werden nur erzählt, um die eigentliche Kernhandlung, das „Duell" der beiden Schachspieler, vorzubereiten, und könnten deshalb als „Rahmen" bezeichnet werden. Allerdings fallen die Abweichungen gegenüber den klassischen Rahmenerzählungen stärker ins Gewicht. Zum einen spielen die Vorgeschichten in der Vergangenheit, wohingegen die Binnengeschichte in der (Erzähl-) Gegenwart spielt; zum anderen kann man eigentlich nicht von einer „Binnengeschichte" sprechen, weil die Handlung mit dem Ende der Schachpartie zwischen Dr. B. und Czentovic nicht abgeschlossen ist. Dieses **offene Ende** ist jedoch gerade kennzeichnend für die moderne Novelle. Zu überlegen wäre weiterhin, ob nicht die Vorgeschichte des Dr. B. als Binnengeschichte bezeichnet werden könnte, eingerahmt durch die restliche Handlung. Aber das hieße zu verkennen, dass die Vorgeschichte um der letztlich stattfindenden Auseinandersetzung willen erzählt wird und nicht umgekehrt.

Elke Rehder: Holzschnitt zur „Schachnovelle"

2 Erzählperspektive und Erzähltechnik

Die *Schachnovelle* ist eine **Ich-Erzählung**, also ein literarischer Text, in dem die Fiktion herrscht, dass das erlebende Ich zugleich der Verfasser der Geschichte ist. Allerdings unterscheidet sich die *Schachnovelle* gravierend von traditionellen Ich-Erzählungen, da nicht der Ich-Erzähler mit seinen subjektiven Ansichten und Erlebnissen im Mittelpunkt steht, sondern eine dritte Person. Diese tritt im Mittelteil der Novelle selbst als Ich-Erzähler auf; ihr Erlebnisbericht dient jedoch lediglich als Verständnisgrundlage für das folgende Geschehen. Ähnliches gilt für einen früheren Teil (die Vorgeschichte Czentovics), in dem noch ein weiterer Sprecher, der Freund des Ich-Erzählers, das Wort ergreift.

Der Leser ist demnach mit mehreren Erzählern konfrontiert, die auch teilweise eine unterschiedliche Perspektive einnehmen:

Die unterschiedlichen Erzähler und Erzählphasen in der „Schachnovelle"

Seiten	Wer erzählt?	erzählte Handlung	Perspektive
7–8	Ich-Erzähler	erstes Auftreten Czentovics	Ich-Form, Außenperspektive
8–19	dessen Freund	Vorgeschichte Czentovics	auktoriale Perspektive
19–48	Ich-Erzähler	Erstes Aufeinandertreffen Dr. B. – Czentovic	Ich-Form, Außenperspektive
48–94	Dr. B.	Vorgeschichte Dr. B.s	Ich-Form, Innenperspektive
94–110	Ich-Erzähler	Zweites Aufeinandertreffen Dr. B. – Czentovic	Ich-Form, Außenperspektive

Die Ich-Form wird üblicherweise genutzt, um sehr subjektiv zu erzählen: Der Ich-Erzähler gibt Einblicke in sein Innerstes, in seine Gefühls- und Gedankenwelt („**Innenperspektive**"). Dies ist hier lediglich bei Dr. B.s Erzählung der Fall: Dort schildert der

Erzähler als unmittelbar Betroffener, was ihm widerfahren ist; folgerichtig beschränkt er sich beim Erzählen des Zeitraums, in dem er nicht bei Bewusstsein war (S. 90 f.), auf die Wiedergabe dessen, was ihm der ihn behandelnde Arzt mitgeteilt hat. Diese Wiedergabe erfolgt teils im Indikativ des Erzählberichts, teils im Konjunktiv der indirekten Rede. Über die Gründe seiner Freilassung kann er lediglich Mutmaßungen anstellen: „Was dieser hilfreiche Arzt [...] berichtet hat, *entzieht sich meiner Kenntnis.* [...] *Mag sein*, daß er mich als unzurechnungsfähig erklärt hat, oder *vielleicht* war ich inzwischen schon der Gestapo unwichtig geworden [...]" (S. 91; Hervorhebungen nicht im Original). Ansonsten steht seine Erzählung unter dem unmittelbaren Eindruck des Erlebten, was sich bis in den Sprachduktus hinein belegen lässt. Ein Beispiel ist der sogenannte **innere Monolog**, in dem der Erzähler vom Erlebnisbericht in eine Sprechweise wechselt, in der er sich selbst direkt anspricht: „ – ein Buch! Ein Buch! Und wie ein Schuß durchzuckte mich der Gedanke: stiehl dir das Buch! Vielleicht gelingt es, und du kannst dir's in der Zelle verstecken und dann lesen, lesen, lesen, endlich wieder einmal lesen!" (S. 68) (Vgl. auch *Interpretationshilfe* S. 70 f.)

Der Großteil der Novelle wird aus der Perspektive des Ich-Erzählers erzählt. Dieser verwendet jedoch vorwiegend eine **Außenperspektive**: Er fungiert als Beobachter und gibt seine Beobachtungen kund. Nur gelegentlich greift er aktiv in die Handlung ein – indem er die Partien gegen den Weltmeister arrangiert und als er am Ende der Novelle Dr. B. aus dessen Fieberwahn herausreißt. Deshalb ist sein Bericht wesentlich objektiver als der Dr. B.s. Allerdings bemüht er sich keineswegs um strikte Neutralität. Vielmehr macht er aus seinen Gefühlen, zum Beispiel der Sympathie für Dr. B. und der Abneigung gegenüber Czentovic, kein Hehl. Auch erfährt man gelegentlich etwas über seinen Charakter – „Zudringlichkeit, die schließlich nicht meine Sache ist" (S. 20) – und seine Überzeugungen und

Einstellungen, so beispielsweise anlässlich seiner Beurteilung des Schachspiels (vgl. S. 21 ff.). Aber er stellt sich und seine Person nicht in den Vordergrund, da er in erster Linie als **Mittler** auftritt: Er vermittelt nicht nur die Partie zwischen Czentovic und Dr. B., sondern er spielt diese Rolle auch als Erzähler, denn er gibt das Geschehen mittelbar an die Leser weiter.

Eine ganz andere Erzählperspektive wird beim **Bericht über Czentovics Karriere** verwendet. Hier meldet sich ein **auktorialer Erzähler** zu Wort: Er hat den Ein- und Überblick über die innersten Vorgänge, er vermag die Personen und deren Verhalten zu bewerten und er geht souverän mit Raum und Zeit um, indem er Einzelheiten ausführlich beschreibt, andere, ihm unwichtig erscheinende Ereignisse dagegen nur kurz streift oder ganz weglässt (in erzähltechnischer Hinsicht spricht man hier von „Zeitraffung"). Die Aufgabe, diese Vorgeschichte zu erzählen, übernimmt ein mit dem Ich-Erzähler befreundeter anderer Passagier – „[d]iese Mitteilungen meines Freundes [...]" (S. 19) –; aber eigentlich gibt es für diese Passage zwei Erzähler, indem der eine die Erinnerungen des anderen durch eine „Reihe von Anekdoten" ergänzt (S. 8), die er aufmerksamer Zeitungslektüre verdankt. Insofern befindet sich dieser Teil des Textes gewissermaßen außerhalb der Verantwortung des oder der Erzähler, da sie anekdotenhaftes Hörensagen weitergeben.

Die auf den ersten Blick komplizierte Erzählstruktur mit ihren Perspektivwechseln ist kompositorisch durchaus plausibel. Dies wird deutlich, wenn man mögliche Alternativen zu einer solchen Erzählweise abwägt. Stefan Zweig will zum einen die seelischen Nöte und Erlebnisse seines Helden vermitteln und zum anderen Vorgänge beschreiben, die diesen Helden als einen Akteur zeigen, dessen Handlungen und Verhalten von anderen beobachtet und kommentiert werden. Insofern hätte es sich verboten, eine einheitliche Erzählperspektive zu wählen: Die Innenperspektive hätte sich auf die subjektive Sichtweise Dr. B.s beschränken müssen, die Außenperspektive hätte, als objektive Erfassung der Vorgänge, die seelischen Prozesse nur unzureichend erfassen können. Indem Zweig die Perspektiven wechselt und mischt, erreicht er jedoch beide Ziele.

3 Charakterisierung der Hauptfiguren und Figurenkonstellation

Dr. B.

Obwohl Dr. B. erst nach gut einem Drittel der erzählten Handlung erstmals auftritt, ist er die **Hauptfigur** der Novelle: Er ist der weitaus interessanteste und schillerndste Charakter und er trägt autobiografische Züge des Autors, insofern er ein Vertreter jener vom Untergang bedrohten alten europäischen Kulturwelt ist, der auch Stefan Zweig angehörte. Dass ein Träger seines Namens, wie sich der Ich-Erzähler erinnert, „zu dem engsten Freundeskreise Schuberts“ gehört habe und auch „einer der Leibärzte des alten Kaisers dieser Familie entstammte“ (S. 47), macht die Verankerung Dr. B.s in der kulturellen und politischen Oberschicht Österreichs und somit seine Wichtigkeit deutlich. Ein strukturelles Merkmal kommt hinzu: Obwohl im ersten Drittel der Novelle fast nur von Czentovic die Rede ist, verlangt die Dramaturgie der Handlung nach einem Gegenspieler für den hochmütigen Schachweltmeister, also nach einem jener „Typen intellektueller Überlegenheit“ (S. 16), der es schafft, den plumpen und arroganten Emporkömmling zu besiegen. Dr. B.s Auftritt ist somit szenisch gut vorbereitet.

Bei der Charakterisierung Dr. B.s muss berücksichtigt werden, dass der Leser ihn – durch die Augen des Ich-Erzählers – erst zu einem Zeitpunkt kennen lernt, zu dem er die bewusstseinsverändernde Gefangenschaft bereits hinter sich hat. Über sein früheres Leben sowie seinen Charakter erfährt man nur durch seinen eigenen Bericht. Soviel lässt sich festhalten: Als Anwalt und Vermögensverwalter zeichnet er sich durch Zuverlässigkeit, „strengste Diskretion und Verläßlichkeit“ aus (S. 50). Auch als es darum geht, wichtige Papiere geheim zu halten, zeigt er sich äußerst umsichtig. Dass er gegenüber dem Spion in der eigenen Kanzlei nicht immer vorsichtig genug ist, kann ihm nicht negativ ausgelegt werden, denn wie viele seiner Zeitgenossen – einschließlich der „größten Diplomaten und Militärs“ – sei auch er „von der Hitlerei heimtückisch überspielt worden“ (S. 52 f.). Er gehört wie Zweig selbst zu jener Gruppe von Intellektuellen, die lange Zeit nicht wahrhaben wollten, dass der barbarische Spuk von Dauer sein könnte. In der Gefangenschaft versucht er zunächst, mit den Mitteln des Geistes gegen den „gräßlichen Druck des Nichts“ anzugehen (S. 62). Dazu gehört die Rekapitulation von Bildungselementen: der Homer des Gymnasiums, die Paragrafen des Bürgerlichen Gesetzbuches, all dessen, was er „jemals auswendig gelernt“ hat (S. 62). Er verliert aber bei den Verhören mehr und mehr die Fähigkeit, „ruhig und überlegt“ auszusagen (S. 63).

Als er dem Ich-Erzähler begegnet, ist sein Charakter, ja sogar sein Aussehen durch die Gefangenschaft und die überstandene Krankheit geprägt. Er wird beschrieben als „ein Herr von etwa fünfundvierzig Jahren, dessen schmales, scharfes Gesicht [...] durch seine merkwürdige, fast kreidige Blässe“ auffällt (S. 37). Diese Beschreibung wird teilweise wörtlich wiederholt, als der Ich-Erzähler mit ihm in Kontakt tritt: Wiederum ist von dem „scharfgeschnittene[n] Kopf“ und von der „merkwürdige[n] Blässe“ des „verhältnismäßig jungen Gesichtes“ die Rede; die „blendend weiß[en]“ Haare vermitteln dem Erzähler den Eindruck, „dieser Mann müsse plötzlich gealtert sein“ (S. 46). In seinem Verhalten erweist sich Dr. B. als höflich und freundlich; er meint sich mehrere Male für sein Eingreifen bei der ersten Partie gegen Czentovic entschuldigen zu müssen, weil er dabei aus einer reinen Instinkthandlung heraus „alle Höflichkeit“ vergessen habe (S. 93). Die von McConnor zum Wettkampf gegen den Weltmeister hochstilisierte Partie will Dr. B. keineswegs als Anmaßung verstanden wissen; seine früheren Erfahrungen mit dem Schachspiel lassen ihn daran zweifeln, „einem Schachmeister, und gar dem ersten der Welt, Paroli bieten zu können“ (S. 95). Er will aus Neugier heraus lediglich für sich probieren, ob er überhaupt fähig sei, „eine normale Schachpartie zu spielen, [...] mit faktischen Figuren und einem lebendigen Partner“ (S. 94). Diese verständliche Neugier wird von ihm interessanterweise als „posthum“ bezeichnet (S. 95) – ein Ausdruck, der verdeutlicht, dass er mit seinem früheren Leben abgeschlossen hat. Hier wie auch an anderen Stellen zeigt sich deutlich seine Besonnenheit und Reflexionsfähigkeit, eine Eigenschaft, die es ihm auch möglich machte, über seine Gefangenschaft und die dabei durchlittenen Seelenqualen zu berichten (vgl. *Interpretationshilfe* S. 61 f.).

Im Verlaufe des Duells verändert sich sein Wesen und er zeigt ein anderes Gesicht als bisher. Dies darf jedoch nicht als eine grundsätzliche, sondern lediglich als eine temporäre Veränderung seines Charakters verstanden werden. Der Erzähler verwendet große Sorgfalt darauf, Dr. B.s abweichendes Verhalten als Folge des Wiederaufbrechens der überstanden geglaubten Krankheit darzustellen. Schon während der ersten Partie, die Dr. B. „locker und unbefangen“ sowie körperlich „völlig entspannt“ (S. 97) angeht, wächst infolge der endlos langen Überlegungen des Gegners seine Unruhe und Ungeduld und der Erzähler erkennt angstvoll in Dr. B.s heftigem Auf- und Abgehen eine Reproduktion des Verhaltens in der Zelle und somit ein Herannahen des Wahnsinns. Dieser wird offensichtlich dadurch ausgelöst, dass der Weltmeister die Partie aufgibt, denn schien das „Denkvermögen“ Dr. B.s vorher noch „völlig intakt“ (S. 101), so vergisst er jetzt seinen festen Vorsatz, es bei dieser einen Partie zu belassen, und stimmt dem Vorschlags Czentovics, eine zweite Partie zu spielen, mit „unangenehme[r] Begeisterung“ zu (S. 103). Nicht nur seine Körpersprache verrät die Veränderung, die sich in ihm vollzogen hat – „eine sichtbare Exaltiertheit war über den vorher so stillen und ruhigen Menschen gekommen, [...] sein Körper zitterte wie von einem jähen Fieber geschüttelt“ (S. 103), – auch die für sein normales Auftreten so kennzeichnende Besonnenheit und Höflichkeit hat er vollkommen abgelegt. Er spricht „mit heftigem, beinahe grobem Ton“ (S. 104), und die wohlmeinende Mahnung des Ich-Erzählers, es gut sein zu lassen, schlägt er „boshaft“ aus (S. 103, vgl. auch S. 106). Mit dieser Vokabel stellt Zweig seinen Helden auf eine Stufe mit Czentovic, denn auch dessen Verhalten während der folgenden Partie, sein bewusst verlangsamtes Spiel, wird als „boshaft“ bezeichnet (S. 105). Dr. B.s Verhalten wird immer „sonderbarer“ (S. 106), er ist geistesabwesend und scheint die Umgebung „in dieser kalten Form des Wahnsinns“ vergessen zu haben (S. 107). Schließlich bricht die Krise aus; doch gelingt es Dr. B. auch dieses Mal wieder, den für seine geistige Gesundheit bedrohlichen Zustand zu überwinden, denn er kehrt, als er wieder zu sich kommt, zu seinem früheren Verhalten zurück und spricht „mit seiner alten höflichen Stimme“ (S. 109). Insofern stellt die Charakterstudie Dr. B.s zwar ein eindrucksvolles Beispiel dafür dar, wieweit es dem Naziregime gelungen ist, einen Menschen seelisch und körperlich aus der Bahn zu werfen; die Aussicht jedoch, Dr. B. könne, sofern er tatsächlich nie wieder ein Schachbrett anrühren sollte, letztlich doch in Zukunft ein seelisch ausgeglichenes Leben führen, erfüllt den Leser mit Hoffnung – unabhängig von den aus medizinischer Sicht fragwürdigen Aspekten der Schilderung dieser Krankengeschichte.

Mirko Czentovic

Die Charakterisierung des Schachweltmeisters ist von Anfang an bestimmt durch den Widerspruch zwischen seiner mangelnden Intellektualität und dem Ruf oder auch dem Anspruch, den man mit einem Menschen verbindet, der über eine ungewöhnliche und bewundernswerte Fähigkeit verfügt, sei es auch nur auf einem einzigen eingeschränkten Gebiet. Nach allgemein vorherrschender Überzeugung zeichnet einen guten Schachspieler ein überdurchschnittliches Gedächtnis, logisches und stringentes Denken und Kombinationsgabe aus – also Eigenschaften, die normalerweise einen intelligenten Menschen ausmachen oder die sogar eine Nähe zur Genialität vermuten lassen. Die von Stefan Zweig gewählten Charakteristika Czentovics zeigen hingegen von vornherein eine kühle, ironisierende Distanz – auch wenn er diese nur indirekt äußert, indem er sich auf das Urteil anderer beruft: „Bald sickerte das Geheimnis durch [...]“ (S. 8 sowie ähnliche Wendungen). Diese distanzierte, fast ablehnende Charakterisierung des Schachmeisters dürfte in Zweigs Absicht begründet sein, den **Kontrast zwischen Czentovic und seinem späteren Gegenspieler** Dr. B. umso deutlicher hervortreten zu lassen. Dieser Kontrast wird zu Beginn der Erzählung wie folgt formuliert:

> *So geschah es, daß in die illustre Galerie der Schachmeister, die in ihren Reihen die verschiedensten Typen intellektueller Überlegenheit vereinigt, Philosophen, Mathematiker, kalkulierende, imaginierende und oft schöpferische Naturen, zum erstenmal ein völliger Outsider der geistigen Welt einbrach, ein schwerer, maulfauler Bauernbursche [...]“ (S. 16 f.).*

Diesem Satz geht eine recht detaillierte **Darstellung der Vorgeschichte** voraus, in der erzählt wird, wie eher zufällig das besondere Talent des Jungen entdeckt wird. Dieses „dumpfe, breitstirnige Kind“, dessen „schwerfällig arbeitende[m] Gehirn jede festhaltende Kraft“ fehlte (S. 9), verrichtet zwar ohne Murren, aber „mit verärgernder Langsamkeit, jeden geforderten Dienst" (S. 9 f.), stimmt seine wohl meinende Umgebung jedoch durch seine „totale Teilnahmslosigkeit" (S. 10) verdrießlich. Insofern kommt dem ihn betreuenden Pfarrer die „einseitige sonderbare Begabung" (S. 12) seines „halb analphabetischen" Zöglings wie ein „Wunder" (S. 11) vor. Wenn er allerdings im Folgenden als „Wunderknabe" bezeichnet wird (S. 13), so spiegelt dies lediglich den schnell erwachenden Ehrgeiz seiner Umgebung wider, die sich von der Förderung eines derart erstaunlichen Kindes Ruhm auch für sich selbst erhofft. Auch klingt die Bezeichnung aus dem Munde des Erzählers eher nach ironischem Vorbehalt als nach uneingeschränkter Bewunderung. Entsprechend bleibt die Charakterisierung des jungen Mannes – ungeachtet seiner erstaunlichen Karriere – weitgehend negativ. Auch hierbei greift der Erzähler auf wertende Kommentare zurück, die in der Presse und in der Fachwelt über Czentovic kursieren; so, wenn er beispielsweise den „in den Fachkreisen viel beobachtet[en] und bespöttelt[en]" Umstand (S. 15) erwähnt, dass Czentovic unfähig sei, Schach „blind" zu spielen: „Dieser an sich unbeträchtliche Defekt verriet einen Mangel an imaginativer Kraft" (S. 15 f.).

Bevor Czentovic als handelnde Person in das Geschehen eingreift, wird er von dem Ich-Erzähler und dessen Bekannten durch einige anekdotische Anmerkungen weiter charakterisiert. Die niedere Herkunft hätte ja durchaus dazu Anlass geben können, die Erfolgsgeschichte zu heroisieren; da Czentovic jedoch als Erwachsener „in seinem Gehaben und seinen Manieren derselbe beschränkte Bauernjunge" bleibt wie ehedem, seine Herkunft aber durch „pompöse" und „aufdringliche" Accessoires zu kaschieren trachtet und sich außerdem mit seiner „kleinlichen und sogar oft ordinären Habgier" lächerlich macht, wird er „zu einer grotesken und beinahe komischen Figur" (S. 17). Auch dass er sich wegen seiner großen – auch materiellen – Erfolge im Schach

„für den wichtigsten Mann der Welt“ (S. 18) hält, wirkt eher abstoßend, ebenso seine Unverfrorenheit, unter seinem Namen eine „Philosophie des Schachs“ zu veröffentlichen, obwohl die Fachwelt genau weiß, „daß er nicht imstande war, drei Sätze richtig zu schreiben“ (S. 18).

Die beiden Berichterstatter, der Ich-Erzähler und sein Freund, berufen sich bei ihrer Darstellung immer wieder auf den bereits eingangs angesprochenen Kontrast zwischen der mechanistischen Fertigkeit Czentovics und dessen mangelnder Intellektualität. Hierbei fallen die Vergleiche, die bei der Beschreibung seiner Art Schach zu spielen verwendet werden, besonders auf. So heißt es:

> *Die verwegensten Champions, jeder einzelne an intellektueller Begabung, an Phantasie und Kühnheit ihm unermeßlich überlegen, erlagen ebenso seiner zähen und kalten Logik wie Napoleon dem schwerfälligen Kutusow, wie Hannibal dem Fabius Cunctator, von dem Livius berichtet, daß er gleichfalls in seiner Kindheit derart auffällige Züge von Phlegma und Imbezillität gezeigt habe. (S. 16)*

Die Verwendung der Namen rückt das Schachspiel – wie so oft in dieser Erzählung (vgl. *Interpretationshilfe* S. 49 ff.) – metaphorisch in die Nähe einer kriegerischen Auseinandersetzung und stellt die Figur des Czentovic zugleich in einen größeren geistesgeschichtlichen Zusammenhang, der für seine Bewertung als negative Symbolfigur noch eine Rolle spielen wird. Die von Zweig bewunderten Feldherren Napoleon und Hannibal unterliegen Gegenspielern, denen Siege niemals zuzutrauen gewesen waren. Diese letztlich Siegreichen wecken aber genauso wenig wie Czentovic unsere Sympathie oder Bewunderung, sondern sogar eher unsere Abscheu – ein Umstand, der für die Auseinandersetzung zwischen Czentovic und Dr. B. im Auge zu behalten ist.

Diese Vergleiche enthalten zudem noch eine weitere indirekte Wertung. Obwohl der Freund des Ich-Erzählers Verständnis dafür aufbringt, dass der „Bauernbursche aus dem Banat" angesichts seiner Erfolge „den Eitelkeitskoller" bekommt (S. 18), fühlt er sich ihm doch gerade wegen dessen mangelnder Bildung überlegen, denn Czentovic sei „nicht mit der leisesten Ahnung belastet [...], daß ein Rembrandt, ein Beethoven, ein Dante, ein Napoleon je gelebt haben" (S. 19). Diese Aufzählung von Namen, die im Übrigen den Kriegsherrn Napoleon mit kulturell bedeutsamen Größen zusammenbringt, zeigt, wie sehr Czentovic sein Mangel an Bildung vorgehalten wird. Er wird somit aus einer Welt ausgegrenzt – und tut alles, um sich auch selbst auszugrenzen –, die von einem Konsens in Bezug auf kulturelle und historische Bildungsinhalte geprägt ist.

Im weiteren Fortgang, also in den Partien, die der Ich-Erzähler kommentiert, wird diese negative Beurteilung fortgesetzt und komplettiert. Czentovic verhält sich äußerst unhöflich, indem er verspätet zum Treffpunkt kommt – dies mag man ihm noch als „erhöhten Aplomp" (S. 32) durchgehen lassen, also als Anzeichen verzeihlicher Eitelkeit eines Mannes, der sich für wichtig hält, aber zugleich offenbar das Bedürfnis verspürt, seine Wichtigkeit auch zu demonstrieren (was – unterhalb der anmaßenden Oberfläche – auf ein nicht vollkommen intaktes Selbstbewusstsein deutet). Aber auch während und nach dem ersten Spiel legt Czentovic „dickfellige Grobheit" an den Tag, die Gegenspieler behandelt er, als ob sie „tote Holzfiguren wären", und seine „impertinente" Gestik erinnert „an die, mit der man einem räudigen Hund abgewendeten Blicks einen Brocken zuwirft". Feinfühligkeit und Freundlichkeit sind diesem „unmenschliche[n] Schachautomat[en]" fremd (S. 34). Sensibilität zeigt er nur in einem einzigen Punkt: Als er nach der unentschiedenen zweiten Partie fragt, ob die Herren noch eine dritte Partie wünschen, blickt er den Unbekannten an; allerdings ist diese Reaktion – jedenfalls nach Einschätzung des Erzählers – nur gleichsam auf einen animalischen Instinkt zurückzuführen, denn „wie ein Pferd am festeren Sitz einen neuen, einen besseren Reiter, mußte er an den letzten Zügen seinen wirklichen, seinen eigentlichen Gegner erkannt haben“ (S. 42 f.). Auch diese Metapher ist in spürbar abwertender Absicht gewählt; es ist, als wolle der Erzähler andeuten, welches die Rolle sei, die einem Menschen wie Czentovic eigentlich zukomme. Zusätzlich weist das Bild von Ross und Reiter bereits auf die überraschende Niederlage voraus, die Dr. B. dem Weltmeister zufügen wird.

Mario Adorf als Schachweltmeister Mirko Czentovic und Curd Jürgens als Dr. B. in der Verfilmung der „Schachnovelle“ aus dem Jahr 1960 durch Gerd Oswald (103 Minuten)

Angesichts des unerwarteten Remis, das die Laienspieler durch die Intervention von Dr. B. gegen Czentovic erreichen, bleibt dieser „unerschütterlich kühl“; statt die Leistung seines Gegners anzuerkennen, behauptet er hochmütig, ihm „absichtlich eine Chance gelassen“ zu haben (S. 44) – was der Erzähler als eine „naive Ausflucht“ wertet, mit der er „sein eigenes Versagen [...] maskieren“ will (S. 44 f.).

All diese genannten Eigenschaften und Verhaltensweisen legt Czentovic auch bei dem zweiten Aufeinandertreffen mit Dr. B. an den Tag; er spielt, da er die Nervenschwäche seines Gegners zu spüren scheint, „boshaft langsam“ (S. 105), ja, er „versteint“ förmlich (S. 106). Als er erkennt, dass Dr. B. mehr und mehr die Selbstkontrolle verliert, lächelt er „höhnisch“ (S. 108). Er ist zufrieden, letztendlich triumphieren zu können – für das Schicksal seines Gegenübers hat er kein Gefühl.

Der Ich-Erzähler

Der Erzähler steht nicht im Mittelpunkt; er spielt eher die Rolle des Beobachters, des Berichterstatters und Kommentators (vgl. *Interpretationshilfe* S. 28). Aber er gehört dennoch zu den wichtigen Figuren der Erzählung, da es seine Sicht der Dinge ist, die dem Leser geboten wird, und da er darüber hinaus viele Gemeinsamkeiten mit Dr. B. – und damit auch mit Stefan Zweig – hat.

Warum er sich, zusammen mit einem Bekannten, von dem er seinerseits einige Informationen über Czentovic erhält, auf dem Schiff aufhält, wird nicht gesagt; da er meist unbefangen auftritt, dürfte er sich eher auf einer Bildungs- oder Vergnügungsreise befinden als auf einer Fahrt ins Exil. Er präsentiert sich als Bildungsbürger mit umfassenden Kenntnissen und guten Umgangsformen. Obwohl er selbst nur bescheiden Schach spielt, bewundert er dieses Spiel und preist es mit fast hymnischen Worten (vgl. S. 21 ff.; vgl. auch *Interpretationshilfe* S. 69), allerdings nicht ohne auf die Gefahr hinzuweisen, die sich aus der ausschließlichen Beschäftigung mit Schach ergibt. Er fühlt sich im Schach als rechter „Dilettant“ (s. *Interpretationshilfe* S. 54) und setzt sich von denjenigen ab, die meinen, „Schach ‚ernsten‘“ zu müssen (S. 25). In seiner Absicht, den Schachweltmeister zu einer Partie zu verlocken, erweist er sich als durchaus findig, indem er gleichsam einen Köder auslegt. Im Umgang mit McConnor zeigt er sich überlegen, indem er dessen Art und Verhalten mit milder Ironie beurteilt. Er hat selbst nichts dagegen, als „drittklassiger" Schachspieler zu gelten (S. 29) und amüsiert sich über die Verbissenheit McConnors (S. 31).

Bei der Erledigung seines Auftrages, den Unbekannten zu bitten, gegen Czentovic anzutreten, erweist sich der Erzähler als einfühlsam, Vertrauen erweckend und taktisch geschickt. So verschweigt er seinem Gesprächspartner die Rolle McConnors – also, dass Geld im Spiel ist –, weil dies für Dr. B. sicherlich ein Hindernis gewesen wäre, sich auf ein Spiel einzulassen.

Danach greift er nur noch ein einziges Mal in die Handlung ein, allerdings an einer entscheidenden Stelle. Da er die Vorgeschichte Dr. B.s kennt, ist er als Einziger in der Lage, die „unnatürliche Erregtheit" (S. 103), in die sich Dr. B. im Fortgang des Spieles mehr und mehr hineinsteigert, richtig einzuschätzen. Er ist zwar, wie die anderen auch, zunächst nur Zuschauer und bekennt durchaus, wenig von den Finessen des Spiels verstanden zu haben. Aber er versucht doch angesichts des schnellen Entschlusses Dr. B.s, sich auf eine neue Partie einzulassen, diesen an seinen Vorsatz zu erinnern (S. 103), wenn auch zunächst vergeblich. Als es dann dazu kommt, dass Dr. B. in seinem „Wahnsinn" völlig außer sich gerät, ist es der Erzähler, der ihn wieder in die Wirklichkeit zurückholt, indem er ihm einen körperlichen Schmerz zufügt. Die Erinnerung an die Verletzung, die sich Dr. B. auf dem Höhepunkt seines Wahnsinns im Gefängnis zugefügt hat, und das zugeraunte Wort „Remember!" (S. 109) bringen diesen wieder zu sich. Der Erzähler erweist sich auch hier als einfühlsamer Psychologe, indem er Dr. B. auf dessen unvollendete Frage „... bin ich am Ende wieder ...?" (S.109) nicht die nahe liegende Antwort gibt: Ja, Sie sind wieder jener ‚Schachvergiftung' erlegen. Vielmehr verneint er die Frage und verweist auf den Ratschlag jenes Arztes, der Dr. B. dringend abgeraten hatte, noch einmal ein Schachbrett anzurühren. Er befindet sich somit, ähnlich wie jener Arzt, in der Rolle eines wohl meinenden Freundes, und es mag keineswegs nur redensartlich dahingesagt gewesen sein, wenn Dr. B. während der beiden Partien gegen den Weltmeister durch den Erzähler mehrfach als „unser Freund“ bezeichnet worden ist.

McConnor

Von den Personen auf dem Schiff tritt nur eine einzige neben den Hauptpersonen schärfer hervor: der schottische Tiefbauingenieur McConnor, den der Ich-Erzähler für seine Absicht benötigt, mit dem Schachweltmeister in Kontakt zu treten. Über diesen „massive[n] Selfmademan“ (S. 26) äußert sich der Erzähler mit einer gewissen Geringschätzung. Das wird bereits bei der Beschreibung seiner äußeren Erscheinung deutlich: McConnor erscheint als ein „von äußerem Ansehen [...] stämmiger Mensch mit starken, fast quadratisch harten Kinnbacken, kräftigen Zähnen und einer satten Gesichtsfarbe“; und der Erzähler fügt nicht ohne Ironie hinzu, die „prononcierte Rötlichkeit“ dieser Gesichtsfarbe sei „wahrscheinlich, zumindest teilweise, reichlichem Genuß von Whisky zu verdanken“ (S. 26). Indem Zweig hier ein verbreitetes Vorurteil wiedergibt – Schotten sind vierschrötig und neigen zu allzu ausgiebigem Whiskygenuss –, rückt er die Beschreibung dieser Person in die Nähe einer Karikatur. McConnor ist **eher ein Typ als ein Charakter:** Die wenigen Merkmale, die seine Persönlichkeit ausmachen, stehen schon am Anfang fest und unterliegen im Verlauf der Erzählung keiner Veränderung. Insofern steht er Czentovic, obwohl er im Schachspiel zu dessen Gegenspieler wird, näher als Dr. B. oder auch dem Ich-Erzähler. Rücksichtslosigkeit und fehlendes Einfühlungsvermögen kennzeichnen auch ihn.

Der Erzähler macht kein Hehl aus seiner Abneigung gegen den ihm so wesensfremden Menschen, wie sich in der Wahl seiner Worte zeigt: McConnor sei „selbstbesessen“, „gewöhnt, sich im Leben rücksichtslos durchzusetzen“, er sei „unerschütterlich von seiner Überlegenheit durchdrungen“ (S. 26); nachdem er die erste Partie verloren habe, sei er „mürrisch“ geworden und habe den Fehler nicht bei sich, sondern bei den äußeren Umständen gesucht (S. 27). Da der Ich-Erzähler ihn jedoch für seine „eigentliche Absicht“ benötigt, fällt es ihm leichter, die „ehrgeizige Verbissenheit“ McConnors – anfangs sogar amüsiert – zu ertragen (S. 27). Und obwohl er die Hemdsärmeligkeit des Erfolgsmenschen ablehnt – „die auffällig breiten, fast athletisch vehementen Schultern machten sich leider auch im Spiel charaktermäßig bemerkbar“ (S. 26) –, erweist sich der Charakter des Schotten für die Realisierung des geplanten Vorhabens als nützlich: Nicht nur, dass dessen „pathologisch reizbarer Ehrgeiz“ (S. 35) infolge der Aussicht, gegen einen leibhaftigen Schachweltmeister antreten zu können, eher angestachelt als gedämpft wird und er sich sogar gewisse Chancen auszurechnen scheint –, sondern er gibt sich auch nach der ersten Partie, die mit der erwarteten vernichtenden Niederlage endet, nicht geschlagen und fordert Czentovic erneut heraus. Hierbei zeigt sich deutlich die angesprochene Gemeinsamkeit mit dem Schachmeister: Er empfindet zwar die schroffe und unhöfliche Haltung von Czentovic als unangenehm – schließlich hält er sich selbst für einen „Gentleman“ (S. 29) –, aber er zeigt doch Respekt vor dessen Geschäftssinn: „Der Mann hat ganz recht, dicke Preise zu machen; in jedem Fach sind die wirklichen Könner auch die besten Geschäftsleute.“ (S. 31) Auch als der Ich-Erzähler ihn, ebenso wie sich selbst und die anderen Schach-Amateure an Bord, durchaus zutreffend als „drittklassigen“ Spieler (vgl. S. 29 und S. 31) bezeichnet, reagiert er „gekränkt“ (S. 31). Dies zeigt wiederum, dass er sich selbst als dem Schachmeister ebenbürtig ansehen möchte: Als Erfolgsmensch kann er Niederlagen nicht ertragen, obwohl er einsehen müsste, dass Czentovic zwar gesellschaftlich mehr ein Kuriosum als eine Größe ist, dafür aber auf seinem Gebiet, dem Schachspiel, von einem wie ihm nicht bezwungen werden kann. Diese fehlende Einsicht versetzt ihn in einen Zustand „unbeherrschter Leidenschaft“, der den Erzähler an das Verhalten Spielsüchtiger am Roulettetisch erinnert (S. 35). Die hier von ihm beobachtete vorübergehende Wandlung des Schotten steht dabei nicht im Widerspruch zu der Feststellung, McConnor sei eher ein ‚Typ‘ als ein ‚Charakter‘, da diese Veränderung weder aufgrund eines Lernprozesses erfolgt, noch einen solchen hervorruft.

Im Ganzen deutet die Konzeption der Figur McConnor durch Stefan Zweig darauf, dass der Schotte – ungeachtet aller Unterschiede – als ein Alter Ego des Schachweltmeisters Czentovic zu betrachten ist. Dass sich die beiden als Gegner gegenüberstehen, macht ihre charakterliche Verwandtschaft erst auf den zweiten Blick erkennbar. Hat man als Leser jedoch durchschaut, wie sehr sich der Schotte und der Schachspieler ähneln, ist auch klar, dass McConnor nicht der eigentliche Gegner von Czentovic sein kann. Ihn zu schlagen, ist für Czentovic keine Herausforderung, denn er gibt ihm – abgesehen davon, dass er ein schwächerer Spieler ist – keine Rätsel auf. Als der eigentliche Herausforderer erweist sich Dr. B., der wiederum dem Erzähler wesensmäßig verwandt ist. Aus diesem Verhältnis zwischen den vier männlichen Figuren, die die Handlung der Novelle tragen, entsteht die innere Balance von Zweigs Geschichte.

Figurenkonstellation

Die Figurenkonstellation in der *Schachnovelle* ist denkbar einfach. Das ist eine Folge der Beschränkung auf wenige Figuren, von denen zwei als Hauptpersonen gelten dürfen, sowie der einem Drama vergleichbaren Handlungsführung, die auf eine Konfrontation dieser beiden Charaktere hinausläuft. Die anderen Passagiere sinken, wie es im Text heißt, „zu leeren Statisten herab“ (S. 41). Dies lässt sich grafisch wie folgt darstellen:

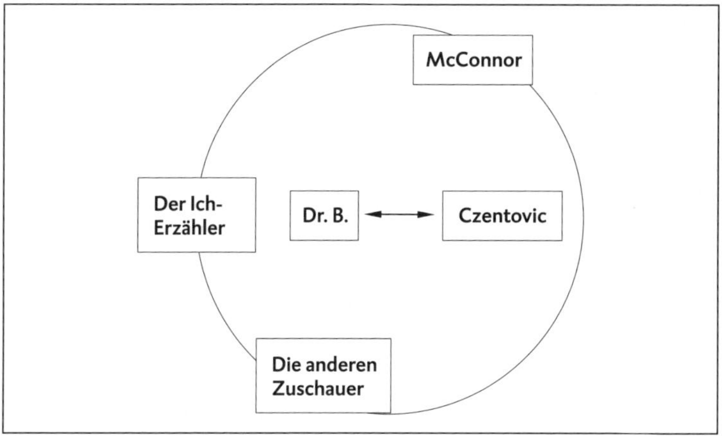

Dr. B. ist der Herausforderer, der gegen den Weltmeister antritt; die anderen Personen, die „Statisten", bleiben eher im Hintergrund. Ihre Sympathien sind einseitig verteilt, deshalb befinden sie sich auch in der Grafik auf der Seite Dr. B.s. Sie alle verbindet der Wunsch, den arroganten Schachmeister besiegt zu sehen. Für die beiden Kontrahenten steht mehr auf dem Spiel als für die Zuschauer. Für sie geht es zunehmend auch um die eigene Existenz (vgl. auch *Interpretationshilfe* S. 53).

4 Zentrale Themen und Motive

Das Schachspiel

Der Ich-Erzähler, der immer wieder als Alter Ego des Autors erscheint, kennt „aus eigener Erfahrung" „die geheimnisvolle Attraktion des ‚königlichen Spiels', dieses einzigen unter allen Spielen, die der Mensch ersonnen, das sich souverän jeder Tyrannis des Zufalls entzieht und seine Siegespalmen einzig dem Geist oder vielmehr einer bestimmten Form geistiger Begabung zuteilt" (S. 21). Doch wenn er an dieser Stelle auch geradezu hymnisch das Schachspiel als geistige Beschäftigung preist, fällt es ihm andererseits schwer, sich einen „geistig regsamen Menschen vorzustellen, dem sich die Welt einzig auf die enge Einbahn zwischen Schwarz und Weiß reduziert, der in einem bloßen Hin und Her, Vor und Zurück von zweiunddreißig Figuren seine Lebenstriumphe sucht“ (S. 23); und er spitzt seine Ausführungen zu, indem er ausruft, es sei unmöglich, dass jemand über Jahrzehnte hinweg „die ganze Spannkraft seines Denkens immer und immer wieder an den lächerlichen Einsatz wendet, einen hölzernen König auf einem hölzernen Brett in den Winkel zu drängen“, und zwar „ohne wahnsinnig zu werden“ (S. 24).

Diese ambivalente Haltung des Erzählers gegenüber einem Schachspieler zeigt sich auch bei der Charakterisierung des Schachspiels selbst. Der Ich-Erzähler bekennt, es falle ihm schwer, überhaupt von einem „Spiel“ zu sprechen. Nach seinem Empfinden treffe man das Wesen des Schachspiels besser, wenn man es irgendwo zwischen Wissenschaft und Kunst verorte. Auf einmalige Weise komme es beim Schach zur „Bindung aller Gegensatzpaare“. Als solche Gegensätze werden genannt: „uralt und doch ewig neu, mechanisch in der Anlage und doch nur wirksam durch Phantasie, begrenzt in geometrisch starrem Raum und dabei unbegrenzt in seinen Kombinationen, ständig sich entwickelnd und doch steril, ein Denken, das zu nichts führt, eine Mathematik, die nichts errechnet, eine Kunst ohne Werke, eine Architektur ohne Substanz“ (S. 22). Jemand, der dieses Spiel geradezu göttlichen Ursprungs – „niemand weiß, welcher Gott es auf die Erde gebracht“ (S. 22) – meisterlich beherrsche, könne insofern – und damit kommt der Ich-Erzähler auf die merkwürdige „Spezies von Meistern“ (S. 22) zu sprechen, die gerade dieses Spiel hervorgebracht habe – lediglich entweder „ein sonderbares Genie oder ein [...] rätselhafter Narr“ sein (S. 24). Damit sind die beiden Schachspieler, die das Schicksal hier zusammengeführt hat, in ihrem eigentümlichen Wesen umrissen: hier der durch „absolute intellektuelle Trägheit“ gekennzeichnete Czentovic, in dessen Gehirn „dies spezifische Genie eingesprengt erscheint [...] wie ein einzelner Faden Gold in einem Zentner tauben Gesteins“ (S. 23); dort der (zunächst) locker und unbefangen auftretende Unbekannte Dr. B., dem das Spiel Freude bereitet (zur Diskussion des Begriffs *Dilettant* vgl. *Interpretationshilfe* S. 54 ff.), der aber daran scheitert, der Situation psychisch nicht gewachsen zu sein.

Jenseits dieser grundsätzlichen Reflexion des Erzählers über die Eigenart des Schachspiels enthält die Novelle Passagen, in denen Grundkenntnisse der Regeln und des Spielverlaufs des Schachspiels vorausgesetzt werden. Deshalb sollen hier einige sachliche Klärungen erfolgen.

Die Grundstellung (Ausgangsposition)

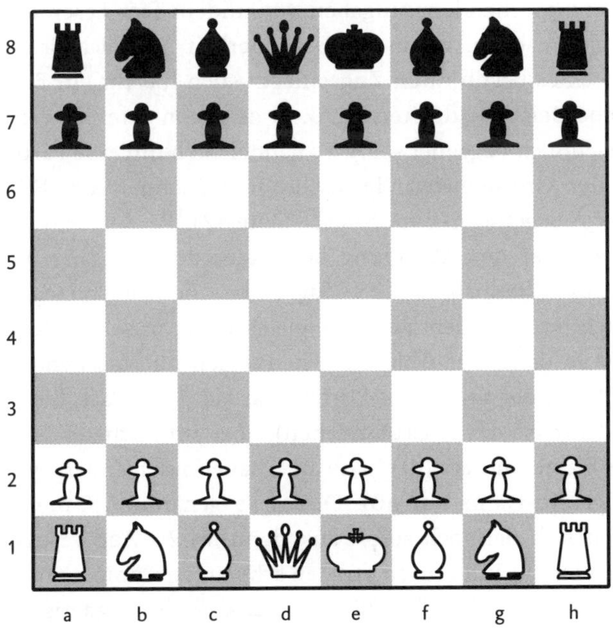

Die Buchstaben stehen für die vertikalen, die Ziffern für die horizontalen Felder, so dass jedes der 64 Felder durch die Kombination eines Buchstabens mit einer Ziffer genau bezeichnet werden kann. Auf c2 befindet sich also in der Grundstellung ein weißer Bauer, auf g8 ein schwarzer Springer und so fort. Diese Kombinationen spielen im Text eine Rolle, als der zunächst unbekannte Helfer der Gruppe um McConnor und dem Ich-Erzähler beispringt (S. 36 ff.). Der Zug eines Bauern wird dabei lediglich mit dieser Kombination aus Buchstaben und Ziffern angegeben (vgl. etwa auch S. 89: „‚[...]c3, c4. Wir haben uns alle nicht ausgekannt.'"). Bei Zügen mit den höherwertigen Figuren König, Dame, den Türmen, Springern und Läufern findet sich in der Schachliteratur in der Regel eine Abkürzung oder das entsprechende Symbol, sodass diese Bücher sprachenübergreifend benutzt werden können; meist wird die Darstellung der Partie auch mit entsprechenden Aufgaben verbunden: Der Leser soll sich bewusst machen, worin die Besonderheit, vielleicht auch der Fehler eines bestimmten Zuges liegt. Auch hierfür ein Beispiel (solche Beispiele dürften Dr. B. in dem von ihm entwendeten Schachbuch begegnet sein): Es handelt sich um eine Partie zwischen den Großmeistern Tarrasch und Kürschner, die 1893 in Nürnberg ausgetragen wurde (siehe Seite 47).[16]

Der Text über der Abbildung beschreibt den Hergang der Partie bis einschließlich zum 18. Zug, sodass sie nachvollzogen oder nachgespielt werden kann, so wie es Dr. B. in seiner Zelle tut. Die Zeile unter der Abbildung nennt den überraschenden Zug von Weiß, der mit seiner Dame zwar auf g6 Schach bietet (Symbol dafür ist das Ausrufezeichen), aber im nächsten Zug sofort die Dame verliert (der schwarze Bauer auf h7 zieht vor und schlägt die Dame auf g6). Dieses so genannte „Damenopfer" zahlt sich dennoch sofort aus, denn im 20. Zug vermag Weiß mit seinem Läufer (nach g6) den schwarzen König matt zu setzen (Symbol: #). „Schachmatt" bedeutet, dass der gegnerische

Schachaufgabe

Tarrasch – Kürschner
Nürnberg 1893

1. e4 e6 2. d4 d5 3. ♗d3 ♘f6 4. e5 ♘fd7 5. ♘f3 c5 6. c3 ♘c6 7. 0-0 f6 8. ♖e1 f5 9. ♗e3 c4 10. ♗c2 ♗e7 11. b3 b5 12. a4 ba4 13. bc4 dc4 14. d5 ♘ce5 15. de6 ♘f3 16. ♕f3 ♘b6 17. ♕f5 ♗f6 18. ♗c5 ♗b7

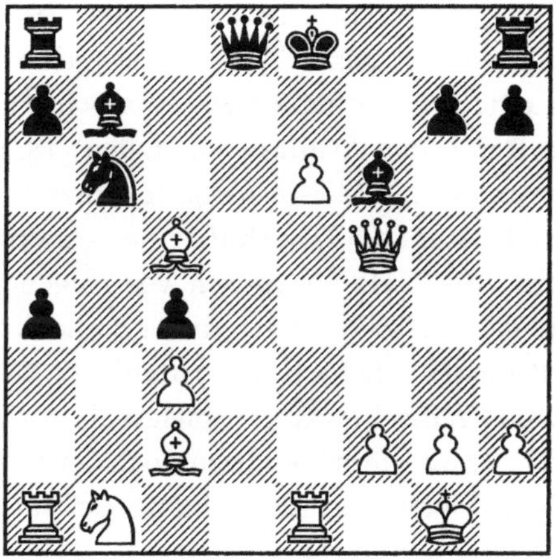

19. ♕g6! hg6 20. ♗g6#

König keinen Zug mehr unternehmen kann, ohne im Schach zu stehen, also bedroht zu sein. Damit ist das Spiel zu Ende. Viele Partien werden jedoch vorzeitig beendet, weil entweder die Niederlage sich als unvermeidbar abzeichnet oder aber ein Unentschieden („Remis“) angeboten wird; dies darf, wie im Falle der zweiten Partie von McConnor und seinen Partnern gegen Czentovic, von der vermeintlich schwächeren Partei durchaus als Erfolg gewertet werden (vgl. S. 41).

Für sehr gute Schachspieler ist es ein Leichtes, Partien im Kopf, also ‚blind' zu spielen. Dies bedeutet zunächst einmal das von Zweig genannte Auswendigspielen (vgl. S. 15). Das Beherrschen von Hunderten, vielleicht auch Tausenden von Partien befähigt den Schachspieler, in einer analogen Situation das Richtige zu tun beziehungsweise das Falsche zu vermeiden. So verhält sich Dr. B., der, als er sich genötigt sieht einzugreifen, eine Konstellation vor Augen hat, „wie sie Aljechin gegen Bogoljubow 1922 im Pistyaner Großturnier initiiert hat" (S. 38). Diese Fähigkeit sowie die daraus entwickelte Spielstrategie muss den anderen als „etwas fast Übernatürliches" (S. 38) vorkommen. Interessanterweise geht nämlich ausgerechnet dem Weltmeister Czentovic diese Fähigkeit ab, „das Schlachtfeld in den unbegrenzten Raum der Phantasie zu stellen" (S. 15). Er muss sich stets, „wenn er eine Meisterpartie rekonstruieren oder ein Problem für sich lösen" will, mithilfe eines zusammenlegbaren Taschenschachs „die Stellung optisch vor Augen [...] führen" (S. 15). Zweig wertet also bereits an dieser Stelle die Fähigkeiten des „unmenschliche[n] Schachautomat[en]" (S. 34) gegenüber der imaginativen Kraft seines Gegenspielers ab.

Einige andere Fachtermini bedürfen noch der Erläuterung. Im Text ist wiederholt von einer „Simultanpartie" die Rede (S. 14, 29, 32). Dabei tritt ein guter Schachspieler gleichzeitig gegen mehrere Gegner an, indem er von Brett zu Brett geht. Eine wichtige Rolle spielt weiterhin die sogenannte Eröffnung, also die Abfolge der ersten Züge. Im Text wird als Beispiel die „Sizilianische Eröffnung" genannt (S. 13, zum Stichwort „Eröffnung" vgl. auch S. 24 und 104). Solche Spielzüge machen eine geschickte Reaktion erforderlich; wer diese nicht kennt (wie der Knabe Mirko bei seinen ersten Schritten in der Schachwelt) oder nicht beachtet, wird sofort in große Schwierigkeiten gebracht.

Unter einem „Freibauern" (vgl. S. 38) versteht man einen ungedeckt im Feld stehenden und insofern weitgehend ungeschützten Bauern; eine solche Situation versucht der versierte Schachspieler zu vermeiden.

Zu den Regeln des Schachspiels gehört die Möglichkeit, einen Bauern, der die gegnerische Grundlinie erreicht hat, in eine bereits vom Gegner geschlagene wertvollere Figur, meist also die Dame, umzutauschen. Eine solche Chance ergibt sich für die gemeinschaftlich agierenden Spieler in der zweiten Partie gegen Czentovic, und sie sind eben im Begriff, diese vermeintliche Chance zu nutzen, als der geheimnisvolle Fremde sie davor warnt, weil es sich um eine Falle handelte (S. 36 f.).

Realistisches Kolorit bekommt die Erzählung um den erfundenen Schachweltmeister Czentovic durch die Nennung von Namen einiger berühmter Spieler: Der Russe Alexander Aljechin (1892–1946), der Kubaner José Raúl Capablanca (1888 bis 1942) und der Deutsche Emanuel Lasker (1868–1941) waren jeweils Weltmeister, der Pole Savielly Tartakower (1887–1956) und der Ukrainer Efim Bogoljubow (1889–1952) waren ebenfalls international bekannte Großmeister (alle Nennungen S. 8; vgl. auch S. 75 und S. 81).

Alexander Aljechin (links) und José Raúl Capablanca (rechts) in St. Petersburg 1913

Mit dem „Auftreten des siebenjährigen Wunderkindes Rzecewski bei dem Schachturnier 1922 in New York" (S. 8) verlässt Zweig allerdings etwas den Boden der historischen Genauigkeit: Gemeint ist der US-amerikanische Schachspieler polnischer Abstammung Samuel Reshewsky (1911–1992), der 1922 bereits 11 Jahre alt war und nicht in New York auftrat, aber tatsächlich als Wunderkind galt.

Niemand wird auf die Idee kommen, Stefan Zweig solche dichterischen Freiheiten anzukreiden. Schwerer wiegen die in der Sekundärliteratur erhobenen **Einwände** gegen die Darstellung des Schachspiels in Zweigs Novelle. In seinem Bemühen, den Kontrast zwischen Czentovic und Dr. B. möglichst scharf hervortreten zu lassen, geht er einige Male zu weit:

So ist die Czentovic zugeschriebene Unfähigkeit zum „Blindspielen" bei einem Schachmeister dieses Ranges nicht denkbar. Auch ist es als unmöglich anzusehen, dass jemand wie Czentovic – gerade angesichts seiner intellektuellen Beschränktheit – in derart kurzer Zeit den Thron des Weltmeisters besteigt. Ebenso werden die Fähigkeiten Dr. B.s offensichtlich überzeichnet: Ob es möglich ist, sich – wenn man seit seiner Jugend kaum noch Schach gespielt hat – mithilfe von 150 Schachpartien zu einem derartigen Meister zu entwickeln, bleibt äußerst fraglich. Äußerliche Unstimmigkeiten kommen hinzu: So dauert etwa die Partie, bei der Czentovic zehn Minuten Bedenkzeit zwischen jedem Zug erbeten hat (wovon er weidlich Gebrauch macht), trotz ihrer 42 Züge lediglich „zweidreiviertel Stunden" (S. 99).[17] Aber diese Ungereimtheiten, die vielleicht nur einem Schachexperten auffallen, haben keinen negativen Einfluss auf die innere Logik der Novelle, in der Zweig nicht historische Begebenheiten widerspiegeln, sondern die Auseinandersetzung zweier völlig unterschiedlicher Charaktere schildern will. Insofern sind bei der Beurteilung des Werkes **literarische Kriterien**, und nicht die des Schachkritikers, anzuwenden.

Schach als Spiel und Kampf

Der Ich-Erzähler, der aus seiner Bewunderung für das Schachspiel kein Hehl macht – wenn er auch die in seinen Augen seltsame Widersprüchlichkeit, ja Lächerlichkeit betont, die für ihn darin besteht, „immer und immer wieder [...] einen hölzernen König auf einem hölzernen Brett in den Winkel zu drängen“ (S. 24) –, verleiht dem Schachspiel in seinen Beschreibungen mithilfe entsprechender Ausdrücke und Metaphern von Anfang an den Charakter eines Kampfes. Diese Assoziation liegt in der Natur des Spieles selbst, das zwei Gegner mithilfe ausgeklügelter Strategien gegeneinander austragen, mit dem Ziel, nicht nur die Figuren des anderen, sondern letztlich diesen selbst zu schlagen. So spricht der Erzähler von den Schachmeistern als von „Champions“ (S. 16), aber auch von „Matadore[n]“ (S. 23), das Spiel selbst wird von ihm gelegentlich als „Zweikampf“ (S. 12), von Dr. B. einmal sogar als „geistige[r] Krieg“ bezeichnet (S. 77). Zu beobachten ist ferner, dass selbst „friedliche, lässige“ Menschen bei einem Schachspiel „wilde, ehrgeizige Kampflust“ überkommen kann (S. 45). So verwundert es nicht, dass Czentovics Sieg über die „verwegensten Champions“ der Schachwelt mithilfe von historischen Vergleichen aus der Kriegführung zur Geltung gebracht wird: Kutusow gegen Napoleon, Fabius Cunctator gegen Hannibal (vgl. S. 16 sowie *Interpretationshilfe* S. 35).[18]

Die Nennung Napoleons verdient auch aus einem anderen Grund Beachtung, denn dieser Name findet sich im Zusammenhang mit Czentovic noch weitere zwei Male. Zunächst wird unterstellt, dass Czentovic noch nie von ihm gehört haben dürfte – was als ebenso großes geistiges Manko betrachtet wird, wie „wenn man nicht mit der leisesten Ahnung belastet ist“ (S. 19), dass es Beethoven, Rembrandt oder Dante je gegeben hat. Dies passt durchaus zu der im ersten Zitat durchscheinenden Überzeugung, dass Napoleon (das Genie) und Czentovic (die Schachmaschine) sich gleichsam als natürliche Antipoden gegenüberstehen. Und dennoch vergleicht der Ich-Erzähler die Haltung des Schachmeisters auf dem Promenadendeck – bei der Schilderung seiner Bemühungen, an ihn heranzukommen – mit einer für Napoleon typischen Pose: „immer die Hände auf dem Rücken verschränkt mit jener stolz in sich versenkten Haltung, wie Napoleon auf dem bekannten Bilde" (S. 20).

Stich nach dem Gemälde von William Q. Orchardson, 1880

Dieser Vergleich ist allerdings nicht als Kompliment gemeint. Dem Erzähler geht es vielmehr offenbar darum, die Diskrepanz zwischen dem Feldherrn und dem Schachspieler recht deutlich herauszuarbeiten: Ohne es auch nur zu ahnen, maßt sich Czentovic – indem er sich halb aus Unbeholfenheit, halb aus Arroganz von den anderen Passagieren absondert – eine trotzig selbstbewusste Haltung an, die nur der intellektuell überlegene Beobachter auf das Gemälde von Orchardson beziehen kann. Statt unnahbar und überlegen wirkt Czentovic auf den Betrachter – als unfreiwillige Kopie Napoleons – nur komisch. Dass der Erzähler sich diesen kleinen Seitenhieb nicht verkneifen kann, verweist jedoch auch auf den Ärger, den er darüber empfindet, dass es ihm nicht gelingt, sich dem Schachweltmeister zu nähern. Dieser Ärger macht sich auch im unmittelbaren Anschluss an die eben zitierte Stelle bemerkbar, wenn der Erzähler davon spricht, dass Czentovic „seine peripatetische Deckrunde" „immer so eilig und stoßhaft" erledigt habe, „daß man ihm hätte im Trab nachlaufen müssen, um ihn ansprechen zu können" (S. 20 f.). Auch hier macht sich der Erzähler über den ungebildeten Schachspieler lustig, indem er dessen Deckpromenade mit dem Spaziergang antiker Philosophen im Wandelgang (dem Peripatos) der Schule vergleicht. Dass er bei diesem Vergleich seine eigene Bildung so sehr hervorkehrt, zeigt jedoch sein – auch sonst zu beobachtendes – Bedürfnis, seine grundsätzliche Überlegenheit als Kulturmensch über Czentovic zu unterstreichen. Auch der Erzähler befindet sich gewissermaßen in einem Kampf gegen Czentovic; so souverän, wie er es gerne wäre, ist der Erzähler dann doch nicht.

Deutlich wird ferner, wie Schachstrategien auf das persönliche Verhalten der Spieler zurückwirken. In diesem Sinne teilt der Erzähler mit, er sei in seinem Bemühen, sich Czentovic zu nähern, an dessen „zähe[r] Abwehrtechnik" gescheitert (S. 21). Dr. B. seinerseits schöpft während seiner Gefangenschaft aus dem Schachspiel neue Kraft „unerschütterlichen Widerstands": „unbewußt hatte ich mich auf dem Schachbrett in der Verteidigung gegen falsche Drohungen und verdeckte Winkelzüge vervollkommnet; von diesem Zeitpunkt an gab ich mir bei den Vernehmungen keine Blöße mehr" (S. 75 f.).

Die Dramaturgie der Novelle führt diese beiden unterschiedlichen Spieler am Schluss zusammen und folgerichtig verschärft sich auch die kriegerische Terminologie: „Es waren nicht zwei Partner mehr, die ihr Können spielhaft aneinander proben wollten, es waren zwei Feinde, die sich gegenseitig zu vernichten geschworen." (S. 104)

Dilettantismus

Ein anderer Aspekt bei der Darstellung des Schachspiels in Zweigs Novelle wurde bisher ausgeklammert und soll hier gesondert untersucht werden. Es handelt sich um den Begriff des Dilettantismus. Nach allgemeinem Sprachgebrauch versteht man darunter einen nicht-professionellen, eher als Liebhaberei aufgefassten Umgang mit einer Kunst, in der Regel wird dieser Begriff etwas abschätzig verwendet. Insbesondere wird ein Meister seines Faches unvollkommene Bemühungen, es ihm gleichtun zu wollen, als stümperhaft, eben als „dilettantisch", ansehen, und die Nachahmer selbst werden bescheiden genug sein, diese Einschätzung zu teilen, auch wenn es für sie schmerzlich ist, nicht begabt genug zu sein. Genau in diesem Sinne wird der Begriff im Text zunächst verwendet: Czentovic wirft einen flüchtigen Blick auf die Partie, die der Erzähler gerade gegen McConnor spielt, aber „schon dieser eine Zug [McConnors] schien ausreichend, um Czentovic zu belehren, wie wenig ein weiteres Verfolgen unserer dilettantischen Bemühungen seines meisterlichen Interesses würdig sei" (S. 27), und er wendet sich hochmütig ab.

Diese Missachtung ruft unterschiedliche Reaktionen hervor. Zwar ist der Erzähler auch „ein bißchen verärgert durch diesen kühlen, verächtlichen Blick", aber er ist doch ohne weiteres bereit, sich „ohne Herzeleid [...] mit seiner [Czentovics] illustren Verachtung ab[zu]finden" und äußert Verständnis dafür, dass der Weltmeister sich nicht mit „drittklassigen Spielern" abgeben wolle (S. 28 f.). McConnor dagegen, dieser „selbstbesessene Erfolgsmensch" (vgl. S. 26), fühlt sich gerade von der herablassenden Haltung Czentovics dazu angespornt, diesen zu einer Partie herauszufordern. Nichtsdestoweniger wirken seine Bekundungen, dem Meister Paroli bieten zu wollen, auf die anderen eher lächerlich, weil sie im Gegensatz zu ihm ihren Dilettantismus akzeptiert haben.

An einer späteren, entscheidenden Stelle der Novelle, nämlich zu Beginn des ‚Duells' zwischen Czentovic und Dr. B., wird der Begriff des „Dilettanten" vom Erzähler einer Reflexion unterzogen: Dieser verweist auf die ursprüngliche Bedeutung des Wortes[19] und bezeichnet den (zunächst) „locker und unbefangen" auftretenden Dr. B. als einen „rechte[n] Dilettant[en] im schönsten Sinne des Wortes, dem im Spiel nur das Spiel, das ‚diletto' Freude macht" (S. 97). Damit erweist sich Dr. B. – erneut – als ein Geistesverwandter des Ich-Erzählers, der ja schon früh bekannt hat, er „‚spiele' Schach im wahrsten Sinne des Wortes, während die anderen, die wirklichen Schachspieler, Schach ‚ernsten'" würden (S. 25). Wenn er sagt, er wolle – um an Czentovic heranzukommen – an Bord weitere „Schach*liebhaber*" finden (S. 25), so ist dieser Begriff durchaus als Synonym für „Dilettanten" zu sehen, denn er meint Leute wie sich selbst, die das Spiel nur zu ihrer eigenen Freude, zur Entlastung von geistiger Anspannung, betreiben. Auch bei dem denkwürdigen Zusammentreffen der beiden Kontrahenten habe sich die „Runde [...] um zwei *Liebhaber* der königlichen Kunst vermehrt" (S. 96). Später werden die Zuschauer ein weiteres Mal als „kurzdenkende Dilettanten" bezeichnet (S. 100). In diesen Kontext gehört auch die unscheinbare Randbemerkung: „Für Schach ist nun, *wie für die Liebe*, ein Partner unentbehrlich" (S. 25; alle Hervorhebungen nicht im Original). Deshalb kann Dr. B. kein unbefangener Dilettant bleiben, da er sich aus dem Zwang der Gefangenschaft heraus genötigt sieht, gegen sich selbst zu spielen; folgerichtig sagt er zu den fatalen Auswirkungen: „Aus der Spielfreude war eine Spiellust geworden, aus der Spiellust ein Spielzwang" (S. 83). Aufgrund des fehlenden Partners kann er das Spiel nicht mehr als Liebhaberei betreiben, stattdessen fährt seine „Wut, [s]eine Rachelust fanatisch in dieses Spiel hinein" (S. 82).[20]

Die tragische Komponente, die dem Scheitern Dr. B.s innewohnt, wird dem Leser am Schluss der Novelle noch einmal bewusst, indem ausgerechnet seinem Gegenspieler Czentovic das Schlusswort gebührt: „‚Schade', sagte er großmütig. ‚Der Angriff war gar nicht so übel disponiert. Für einen Dilettanten ist dieser Herr eigentlich ungewöhnlich begabt.'" (S. 110) Indem Czentovic den Begriff „Dilettant" in der abfälligen Bedeutung verwendet, die er landläufig hat, versucht er davon abzulenken, dass er selbst einer zweiten Niederlage gegen einen „Niemand" entronnen ist. Aber kann man hier überhaupt von „Sieg" und „Niederlage" sprechen? Diese Frage muss noch einmal aufgeworfen werden und ihre Beantwortung erfordert zweierlei: Zum einen muss der zeitgeschichtliche Hintergrund einbezogen werden und zum anderen sind die besonderen Umstände zu beleuchten, unter denen Dr. B. überhaupt erst zum Herausforderer Czentovics werden konnte.

Bezug zur historischen Realität des Nationalsozialismus

Stefan Zweig hat sich, was auf den ersten Blick verblüffen mag, vor der Abfassung der *Schachnovelle* literarisch nicht mit der historischen Realität des Nationalsozialismus auseinander gesetzt; lediglich seine Autobiografie legt Zeugnis darüber ab, wie entscheidend der Nationalsozialismus nicht nur das Leben des kulturell in den Wurzeln des humanistischen Abendlandes verhafteten Schriftstellers Zweig, sondern auch das seiner gesamten Generation verändert hat.[21] Zweig zog der unmittelbaren Zeitkritik die literarische Gestaltung positiver Gegenbeispiele vor; in seinen Werken, insbesondere den Biografien, erinnert er an große Gestalten, die durch die Kraft ihres Geistes und durch ihr künstlerisches oder politisches Wirken die Welt zum Besseren hin zu beeinflussen suchten.

Im Folgenden soll zunächst überprüft werden, welche historischen Fakten und Namen tatsächlich in die *Schachnovelle* eingeflossen und inwiefern sie für die Interpretation des erzählten Geschehens wichtig sind.

Die Hintergründe für die Gefangennahme und Folter Dr. B.s ergeben sich aus der Annexion Österreichs durch das Deutsche Reich im Jahre 1938.

Dr. B. berichtet, seine Familie habe enge persönliche und berufliche Bindungen sowohl zum Klerus als auch zum Hochadel des alten Österreich gehabt. Das österreichische Kaiserreich war, ebenso wie das deutsche, nach dem Ersten Weltkrieg abgeschafft worden, lebte aber als geistige Tradition weiter. Nach der Machtübernahme der Nationalsozialisten in Deutschland (1933) war es ein erklärtes Ziel Hitlers, Österreich dem Deutschen Reich einzuverleiben; in der Donaurepublik herrschten zunächst starke Bestrebungen zur Wahrung der Souveränität vor. Aber trotz des zeitweiligen Verbotes der NSDAP gelang es Hitler mithilfe seiner *Geheimen Staatspolizei* („Gestapo"), Spione und Mittelsmänner in alle wichtigen Ämter und Funktionen einzuschleusen. Darauf nimmt der Text Bezug. Diese „Horchposten und Spione" hätten sich, so erzählt Dr. B., „bis hinauf in die Privatzimmer von Dollfuß und Schuschnigg" eingenistet (S. 51). Beide Genannten waren österreichische Bundeskanzler: Engelbert **Dollfuß** (1892–1934) wurde bereits 1934 bei einem Putsch der Nationalsozialisten verwundet und starb im selben Jahr; Kurt von **Schuschnigg** (1897–1977) wurde daraufhin sein Nachfolger. Dieser wurde 1938 von Hitler zur Abdankung gezwungen und Österreich wurde mit dem Deutschen Reich vereinigt (12. März 1938), ein Vorgang, der unter dem beschönigenden Titel „Anschluss" in die Geschichtsbücher einging. Am Tag zuvor hatte Schuschnigg die in der Novelle (S. 53) genannte Abschiedsrede gehalten, in der er zum Ausdruck brachte, er weiche der Gewalt. Noch am selben Abend, berichtet Dr. B., sei er von der Gestapo festgenommen worden (S. 53). Dies wäre also der 11. März gewesen. Zweig geht etwas großzügig mit den Daten um: Hitler zog nicht am nächsten Tag, sondern erst am 15. März in Wien ein. So entspricht auch der im Gespräch mit dem Arzt, der Dr. B. nach dessen Freilassung behandelt, auf den 13. März datierte Beginn der Gefangenschaft und Folter nicht exakt den historischen Fakten (S. 90).

Historisch verifizierbar ist hingegen das von Dr. B. erwähnte **Hotel Metropole** (oder: Metropol), das „zugleich Hauptquartier der Gestapo war" (S. 55): Es befand sich am Morzinplatz im I. Wiener Bezirk und diente nach dem „Anschluss" als Gefängnis für Regimegegner, Intellektuelle und besonders Juden.[22] Dort wurde, wie auch der Text vermerkt, nicht nur Schuschnigg, sondern auch der einer langen jüdischen Bankierstradition entstammende Baron Rothschild untergebracht; in seiner Bescheidenheit – „mir unscheinbarem Mann" (S. 55) – möchte sich Dr. B. nicht mit diesen hervorragenden Zeitgenossen vergleichen, dass er jedoch deren Schicksal teilte, hebt doch seine eigene Bedeutsamkeit hervor. Dass die Nationalsozialisten solch subtile Methoden der Folter, wie sie die Novelle beschreibt, anwandten, ist ebenfalls historisch belegt.

Die **Gefangenschaft** dauert etwa ein Jahr: „in diesem Höllenjahr", heißt es im Text (S. 88). In diesem Zeitraum hatte Hitler seine Machtstellung in Europa ausgebaut. Auf ein historisches Ereignis wird im Text verwiesen: „Hitler hatte seitdem Böhmen besetzt" (S. 91). Nach dem Münchener Abkommen vom 29. September 1938, das die damalige Republik Tschechoslowakei zwang, das Sudetenland an das Deutsche Reich abzutreten, marschierte die Wehrmacht bereits am 1. Oktober 1938 dort ein und vollzog die Annexion. Am 10. Oktober wurde Deutsch-Böhmen Teil des „Reichsgaus Sudetenland". Diese politische Entwicklung gibt Dr. B. selbst als Erklärung für seine **Freilassung** an: Mit der Einverleibung Böhmens sei „der Fall Österreich für ihn [Hitler] erledigt" gewesen und somit sei er, Dr. B., „vielleicht [...] schon der Gestapo unwichtig geworden" (S. 91). Für eine solche Großzügigkeit der Gestapo – immerhin wird Dr. B. erlaubt, sich in einem Privatsanatorium auszukurieren und anschließend auszureisen – gibt es jedoch historisch keine Belege; ein Gefangener wie Dr. B., der in jeder Hinsicht für die Machthaber nutzlos geworden wäre, hätte vermutlich sein Ende in einem Konzentrationslager gefunden.[23]

Mit der Nennung der historischen Fakten erreicht Stefan Zweig in seiner Novelle einen gewissen Grad von **Authentizität**. Der Text gibt somit dem heutigen Leser Anlass, das Schicksal Dr. B.s nicht nur als spannende fiktive Erzählung aufzufassen, sondern auch als **Zeitdokument**. Allerdings sollte beachtet werden, dass Dr. B. während seiner Isolationshaft die Außenwelt und damit verbunden die zeitgeschichtlichen Ereignisse völlig verborgen bleiben und er von den erwähnten Fakten erst nachträglich erfahren hat. Insofern präsentiert sich ihm der Nationalsozialismus eben nicht in Form historisch-politischer Ereignisse, sondern als System der Unterdrückung, das sich psychologisch raffinierter Methoden bedient, um die Individualität seiner Opfer zu zerstören.

Spiel und Realität

Die Verschiedenheit der beiden Hauptcharaktere, die Verbissenheit, mit der sie sich bekämpfen, sowie die verwendeten kriegerischen Ausdrücke machen deutlich, dass für beide Schach mehr als nur ein Spiel ist. In der Sekundärliteratur findet sich des Öfteren die Ansicht, die Rivalität zwischen Dr. B und Czentovic spiegele die geistig-politische Auseinandersetzung zwischen dem kulturell hochstehenden, aber mit dem Faschismus untergegangenen alten Österreich und dem solche Traditionen leugnenden „neuen Reich“, das ohne jeden humanistischen Anspruch lediglich auf die Vernichtung des Gegners aus sei, wider.[24] Diese Auffassung gewinnt Plausibilität durch die Sympathien, die der Erzähler für Dr. B. äußert, der dem Leser insofern als Alter Ego Stefan Zweigs erscheinen muss. Beide weisen eine Herkunft aus gutem Hause auf, verfügen über eine umfassende humanistische

Bildung und teilen das Schicksal, Opfer des nationalsozialistischen Regimes geworden zu sein. Insofern könnte dem Schachspiel zwischen Dr. B. und Czentovic eine symbolische Bedeutung zukommen. Es könnte als Kampf zwischen der alten Welt und dem Faschismus aufgefasst werden, wobei der Ausgang dieses Kampfes besonderes Interesse verdient.

Eine solche Konfrontation würde allerdings bedeuten, dass **Czentovic** als Präfiguration des Nationalsozialismus, ja sogar als „Miniatur-Hitler"[25] angesehen wird. Dafür liefert der Text in der Tat einige Hinweise, etwa die dunkle Herkunft und die daraus resultierende Geltungssucht. Eine andere Parallele erscheint noch bedeutsamer: Genauso wie **Hitler** aufgrund des in Deutschland und Österreich herrschenden „Bildungshochmuts" (vgl. *Die Welt von Gestern,* S. 411) lange Zeit unterschätzt wurde, ist es auch Czentovic gelungen, die ihm geistig weitaus überlegenen Schachmeister zu überrumpeln. Dr. B. bezeichnet sich selbst als zu jenen Menschen zugehörig, die der „Hitlerei" fast hilflos unterlagen, weil sie mit den Mitteln der Vernunft und der kulturellen Traditionen nicht gegen die Barbarei ankamen. Dr. B. glaubt zu wissen, warum der Nationalsozialismus so viele Anhänger fand: Er nennt diese „die Legion der Benachteiligten, der Zurückgesetzten, der Gekränkten" (S. 51). Diese „Legion" fand nach 1933 zahlreiche Möglichkeiten, lange angestaute Aggressionen abzuladen, als die bislang Wohlhabenden und Mächtigen enteignet, drangsaliert und gedemütigt wurden. Im Text gibt es eine Figur, die dieser Gefolgschaft zuzurechnen ist, den Spion in der Kanzlei von Dr. B.: „ein jämmerlicher und talentloser Kanzlist" (S. 51), der durch seine Spitzeltätigkeit die Verhaftung Dr. B.s herbeiführt. Aber Dr. B.s eigentliche Gegenspieler gehören nicht zu dieser Gruppe. Die Gestapo-Offiziere, die ihn verhören, verfolgen die „denkbar raffinierteste" Methode (S. 56), und auch der Gefangene selbst muss ingrimmig anerkennen, wie „tückisch" diese Tortur und „wie teuflisch sinnvoll, wie psychologisch mörderisch erdacht dieses System" ist (S. 61). Und er weiß, dass er diesem System unterlegen wäre, hätte ihm das Schachbuch nicht – zumindest vorübergehend – geholfen.

Hier ergibt sich für die angesprochene Frage der Auseinandersetzung zwischen zwei politischen Systemen eine neue Perspektive. Der Nationalsozialismus als System wird mit Kriterien beschrieben, die denen des Schachspiels durchaus ähneln. Zweig betrachtet den **Nationalsozialismus aus der Perspektive des Schachspiels** (und umgekehrt). Insofern geht es nicht nur um die Konfrontation von „alt und kulturell" und „neu und barbarisch", sondern auch um die zwischen dem System Schach als Spiel und dem System Nationalsozialismus als Realität.

Die Bewusstseinsentwicklung Dr. B.s während und nach seiner Einzelhaft in Bezug auf das Schachspiel lässt sich wie folgt wiedergeben: Zunächst ist ihm das Schachbuch die dringend erforderliche geistige Unterstützung, um nicht im „Nichts" (S. 60) zu versinken. Er spielt die Meisterpartien nach, das heißt, er spielt sie eigentlich nicht selbst, sondern benutzt die verschiedenen komplizierten Züge, die raffinierten Scheinangriffe und Finessen, die ausgeklügelte Strategie der Großmeister als Mittel, seinen Geist aktiv zu halten, indem er sie auswendig lernt. Die Schachpartien erfüllen somit die gleiche Funktion, wie sie ein Gedichtband oder die homerischen Epen gehabt hätten. (Dieser Vergleich wird mehrere Male gezogen, vgl. S. 75 und 81). Die „Agilität und Spannkraft" des Gehirns wird geschärft (S. 74).

Folgen dieser geistigen Auffrischung zeigen sich bald, und zwar in den Verhörsituationen. Nicht nur, dass Dr. B. dort geistig wach auftreten kann, er denkt jetzt „klarer und konziser" als zuvor (S. 75), er durchschaut die Strategien seiner Gegner und weiß sie angemessen zu erwidern, sodass man ihn nun sogar dem Anschein nach „mit einem gewissen Respekt" betrachtet (S. 76), zumal alle anderen Gefangenen offensichtlich unter dem Druck der Folter zusammenbrechen.

In dieser Phase erlebt er Schach nicht mehr nur als „bloß zeitfüllende Beschäftigung“, sondern als „Genuß“, die „stumme Zelle“ wird durch „unendliche Abwechslung“ „beseelt“ (S. 75). Nachdem die 150 Partien des Buches aber für ihn keine Anstrengung oder Herausforderung mehr bedeuten, kehrt sich seine Situation um und er fällt erneut in ein Nichts. Die daraus resultierende Entscheidung, gegen sich selbst zu spielen, und zwar trotz der Überzeugung, eine gefährliche „Irrbahn“ zu betreten, fällt er bewusst: Es gab „nur einen Weg“; „ich mußte [es] versuchen“ (S. 77). Dr. B. trifft also rational die Entscheidung, eine irrationale, geradezu absurde Handlung zu begehen; in der darauf folgenden Phase der Bewusstseinsspaltung kommt ihm dann die Grenze zwischen Spiel und Realität zeitweise abhanden. Er verliert bei den Verhören die Empfindung, Widerstand leisten zu müssen; das Gefühl der „Verantwortung“ (S. 84) für die ihm anvertrauten Güter und Informationen, die er nicht verraten darf, geht ihm verloren. Er will nur noch, zitternd vor Ungeduld wie eben ein Suchtkranker, das Spiel gegen sich selbst fortsetzen oder immer wieder erneut aufnehmen; dabei treibt er sich selbst zur Eile an. Schließlich kommt es zum physischen und psychischen Zusammenbruch, der von Dr. B. so genannten „Schachvergiftung“ (S. 85 f.).

In den Partien gegen Czentovic, insbesondere der zweiten, durchläuft Dr. B. noch einmal sämtliche Phasen dieser Bewusstseinsentwicklung. Zunächst ist er der Spieler, der Dilettant, dem es eine Freude zu sein scheint zu erproben, ob er überhaupt imstande ist, „eine normale Schachpartie zu spielen, eine Partie auf einem wirklichen Schachbrett mit faktischen Figuren und einem lebendigen Partner“ (S. 94). Im weiteren Verlauf verliert er, bedingt durch die quälend langsame Spielweise des Gegners, erneut den Bezug zur Realität: Hatte er während seiner Gefangenschaft seine Peiniger und den Grund seiner Inhaftierung so gut wie vergessen, so verliert er auch bei der zweiten Partie gegen den Weltmeister diesen und das konkret vor ihm liegende Schachbrett völlig aus dem Blick (vgl. S. 107). Obwohl dies eine Folge des „Wahnsinns" ist, liegt diese Entwicklung dennoch in der Logik der Erzählung, denn Dr. B. hatte ja von vornherein das Spiel nicht als ein Sich-Messen mit dem Weltmeister angesehen, sondern als Probe für sich selbst, „ob das in der Zelle damals noch Schachspiel oder schon Wahnsinn gewesen" sei (S. 95). Das Ende der Partie bedeutet somit ein persönliches Scheitern, weniger eine Niederlage in der Auseinandersetzung mit dem Gegner – falls man überhaupt angesichts des Ausgangs von einer Niederlage sprechen kann. Denn das System Schach bleibt letztlich ein Spiel, in dem die Vernichtung des Gegners nur eine scheinbare, eben gespielte ist, während das System Nationalsozialismus auf die reale Vernichtung des Gegners abzielte.

Es ist somit fraglich, ob das Schachspiel Dr. B.s als ein Symbol für dessen (beziehungsweise Stefan Zweigs) Widerstand gegen den Nationalsozialismus aufgefasst werden kann. Ebenso scheint es überzogen, Czentovic als eine Symbolfigur des Faschismus anzusehen. Er bedient sich zwar des Schachspiels, um sich durchzusetzen und sein eigenes Ego zu befriedigen; auch darf ihm bei seinem Verhalten während der zweiten Partie durchaus Absicht unterstellt werden, als er merkt, wie er seinen Gegner aus dem Konzept bringen kann. Darauf deutet der Begriff „boshaft", den der Erzähler auf ihn anwendet (S. 105). Aber es fehlen ihm die intellektuellen Fähigkeiten; außerhalb des Schachbretts ist er eher, wie es im Text heißt, eine „groteske und beinahe komische Figur" (S. 17). Auch die Vergleiche mit Kutusow oder dem „Zauderer" Fabius können nicht als Beleg für die angebliche Parallele zu Hitler dienen; diese Personen können wohl kaum als präfaschistische Figurationen angesehen werden. Wichtig ist jedoch vor allem, dass Schach auch für ihn – bei aller Verbissenheit – nur ein Spiel ist. Er glaubt sich letztlich als Sieger fühlen zu können, aber er hat den Gegner nicht ‚vernichtet'.

5 Sprache und Stil

Bei der Untersuchung sprachlicher und stilistischer Mittel ist darauf zu achten, wer gerade spricht, denn **der jeweilige Sprachgebrauch** differiert und **kennzeichnet** somit **den Sprecher**. Bei der Sprechweise des **Ich-Erzählers**, der den größten Teil der Geschichte erzählt, fallen einige Besonderheiten auf. Er zeigt sich als sprachgewandter Bildungsbürger und gibt durch die Art seiner Darstellung zu erkennen, dass er sich an eine ebenfalls bildungsbürgerliche Leserschaft wendet. Darauf weisen die gelegentlich eingestreuten **Reflexionen** hin, die den Leser einbeziehen und gewissermaßen seine Zustimmung voraussetzen. Hierfür zwei Beispiele: Czentovic erregt die „besondere Neugierde" des Ich-Erzählers und dieser begründet sein Interesse wie folgt: „denn je mehr sich einer begrenzt, um so mehr ist er andererseits dem Unendlichen nahe" (S. 19). Hier findet indirekt eine Leserlenkung statt, indem dem Leser suggeriert wird, dass Czentovic nicht nur eine für den weiteren Verlauf der Erzählung zentrale Figur, sondern vielmehr auch einen Typ Mensch darstellt, der von allgemeinem Erkenntnisinteresse ist. Der Satz hat etwas Aphoristisches und damit den Charakter einer universal gültigen Lebensweisheit. Ähnliches gilt für die folgende Bemerkung: „Für Schach ist [...], wie für die Liebe, ein Partner unentbehrlich" (S. 25).

Eine ähnliche Rolle spielen die vom Erzähler vielfach verwendeten **Fremdwörter:** Sie verraten den Bildungshorizont des Sprechers und beziehen zugleich das gebildete Publikum in diesen Horizont mit ein. Oftmals ließen sich diese Fremdwörter leicht durch ein entsprechendes deutsches Wort ersetzen oder scheinen sogar übertrieben: „Abbreviatur" (S. 19) ist eine Abkürzung oder Verkürzung, statt „stupende[r]" (S. 16) ließe sich „erstaunlicher" Aufstieg, statt „proponierte" (S. 24) ließe sich „schlug vor" sagen und so fort. Dass sich im Dorfcafé „enragierte“ Schachspieler befinden (S. 12) – also Menschen, die sich dem Schachspiel mit an Wahnsinn grenzender Leidenschaft widmen –, wirkt überzogen, und statt von „Czentovics kindischer Präpotenz“ (S. 18; vgl. auch S. 33, wo der Erzähler nochmals auf die „präpotente Art“ des Schachmeisters zu sprechen kommt) hätte ohne Weiteres auch von seiner „Überlegenheit“, vielleicht auch von seiner „Übermacht“ die Rede sein können. Statt „Marasmus“ (S. 78) hätte es auch „Kräfteverfall“ heißen können, zumal dieser Begriff eigentlich lediglich im Zusammenhang mit körperlichem Verfall verwendet wird.

Andere Fremdwörter sind fachsprachlichen Zusammenhängen entnommen: Wenn es heißt, Czentovic habe „auffällige Züge von Phlegma und Imbezillität“ gezeigt (S. 16), dann stehen diese Begriffe im Kontext medizinisch-psychologischer Fachterminologie. Phlegma meint Trägheit, inbesondere geistige Trägheit, Imbezillität ist die Bezeichnung für einen angeborenen oder in früher Kindheit erworbenen Intelligenzdefekt.

Gelegentlich dient das Fremdwort auch ironischen Zwecken. Dass und warum der Erzähler Czentovics Auf- und Abgehen auf dem Schiff als „peripatetische Deckrunde“ (S. 20) bezeichnet, ist bereits erwähnt und erläutert worden (vgl. *Interpretationshilfe* S. 53). Ähnlich verfährt der Ich-Erzähler bei seinem Hinweis auf die „früheren Zeiten physiognomischer Leidenschaft“ (S. 23), insbesondere auch durch Nennung des Namens Gall. Dabei handelt es sich um Franz Josef Gall (1758–1828), einen der Begründer der Physiognomie, also der Lehre, dass der Charakter an den Gesichtszügen abgelesen werden könne. Mit feiner Ironie wird ferner erzählt, dass der junge Czentovic von seinem Lehrmeister, dem Ortspfarrer, als „halb analphabetische[r] Famulus“ (S. 11 f.) bezeichnet wird; auch hier besteht ein Widerspruch zwischen dem Begriff „Famulus“ als Gelehrtendiener und der Einstufung „halb analphabetisch“. Weitere lateinische Ausdrücke neben Famulus sind beispielsweise „Homo obscurissimus“ (S. 96) für unbekannter Mensch (Mensch von dunkler Herkunft) und „Ignotus“ als Synonym für „Homo obscurissimus“ und „Anonymus“ (S. 102 u. a.). Für alle diese Fälle lässt sich sagen, dass die Sprache, hier insbesondere die Verwendung bestimmter gewählter, teilweise altmodischer Begriffe, den Sprecher als abendländisch gebildeten, im alten Europa und dessen Wissenschaft und Philosophie kundigen und in dieser Denkweise verankerten Humanisten charakterisiert. Seine Ausdrucksweise verrät gelegentlich einen gewissen Bildungsdünkel, indem sie sich bewusst von der ‚modernen‘ abhebt. Als kleines Indiz dafür kann auch festgehalten werden, dass die Fremdwörter oft in der veralteten oder der originalsprachlichen Schreibweise geschrieben werden („deplaciert“ statt „deplaziert“, S. 31; „Tyrannis“ statt „Tyrannei“, S. 21).

Dass Sprache ihren Benutzer charakterisiert, wird auch bei der **Sprechweise McConnors** deutlich. Hierfür kann die Szene herangezogen werden, als McConnor berichtet, er habe sich trotz Czentovics unverschämter Geldforderung mit diesem auf eine Partie geeinigt. Als der Ich-Erzähler sich wegen der Höhe der Summe „betroffen“ zeigt, antwortet McConnor:

> *„Warum nicht? C'est son métier. [...] Der Mann hat ganz recht, dicke Preise zu machen; [...] Für ‚drittklassige‘ Spieler ist es keine Schande, von einem Czentovic umgelegt zu werden.“ (S. 31)*

Einerseits zeigt der großspurige Geschäftsmann ein oberflächliches Bildungsgebaren, das sich in Ausdrücken wie dem französischen „C'est son métier“ niederschlägt, andererseits aber gleitet seine Ausdrucksweise mehr als einmal in die Umgangssprache ab: „dicke Preise machen“, „umgelegt werden“; an anderer Stelle sagt er: „wir werden uns nicht so leicht zu Brei schlagen lassen“ (S. 30). Gelegentlich flucht er auch: „Damned fool!“ (S. 110). Damit entlarvt er sich als Emporkömmling, der eher Czentovics Niveau als dem des Ich-Erzählers oder Dr. B.s zuzurechnen ist.

Czentovic kommt in der Novelle recht selten zu Wort. Er ist ohnehin wortkarg; dies mag an seiner Scheu liegen, sich öffentlich zu äußern, weil er ansonsten befürchten müsste, sich zu blamieren. Die Redeansagen seiner wenigen Sätze, die in direkter Rede wiedergegeben werden, enthalten Begriffe wie „kühl" (S. 44 und 105) oder „sachlich" (S. 44), „mit falscher Höflichkeit" (S. 108); nur einmal zeigt er Emotionen, als er sich „scharf und böse" (S. 106) gegen das nervöse Trommeln Dr. B.s verwahrt. Sein Verhalten entspricht also seiner Charakterisierung, die Ausdrucksweise dagegen eher nicht. Er spricht durchaus gewählt und gebildet, verwendet Fremdwörter und ist sogar, wie der Schlusssatz der Novelle zeigt, zur Ironie fähig. Allerdings wirken seine Sätze floskelhaft, gestelzt und übertrieben förmlich: „Ich vermag darüber kein Urteil abzugeben." (S. 44)

Demgegenüber stimmt die Ausdrucksweise seines Gegenspielers **Dr. B.** durchaus mit dessen sonstiger Charakterisierung überein. Er spricht höflich und in einer „natürlichen Weise" (S. 48), seine Erzählung trägt er abwechslungsreich und spannend vor. Sein Redestil entspricht weitgehend dem des Ich-Erzählers – dies ist wegen des gemeinsamen kulturellen Hintergrundes der beiden, deren Verhältnis im Laufe der Geschichte fast freundschaftlich wird, nicht anders zu erwarten: Beide bedienen sich ähnlicher historischer Bezüge und Bilder (welche gleich im Anschluss erörtert wer-

Elke Rehder: Holzschnitt zur „Schachnovelle"

den). Die Sprechweise Dr. B.s passt sich der jeweiligen Gemütslage an. Als er etwa dem Erzähler versichert, er wolle nur eine einzige Partie spielen, trägt er dies „nervös und sogar etwas stottrig“ vor (S. 95). Im Zustand „anomale[r] Erregung“ „faucht“ er seinen Gegner an (S. 105), lacht „knapp und boshaft“ (S. 106) oder schreit „derart laut, daß wir alle zusammenfuhren“ (S. 107).

Eine Untersuchung der verwendeten **bildhaften Ausdrücke** und **Vergleiche** zeigt, dass auch diese die jeweiligen Sprecher charakterisieren. Sprache und Stil sowohl des Erzählers als auch Dr. B.s sind ausgesprochen metaphorisch. Über seine Existenz in seiner Hotelzelle berichtet Dr. B.:

> *[. . .] man lebte wie ein Taucher unter der Glasglocke im schwarzen Ozean dieses Schweigens und wie ein Taucher sogar, der schon ahnt, daß das Seil nach der Außenwelt abgerissen ist und er nie zurückgeholt werden wird aus der lautlosen Tiefe. (S. 57)*

Das Bild verdeutlicht die Not und die Hoffnungslosigkeit des Gefangenen, der vorher von dem „Nichts“ und dem „Schweigen“ berichtet hat.

Als er auf dem Schiff zum ersten Mal die Schachspieler bemerkt, erstaunt und erschrickt er; dieses Erschrecken begründet er wie folgt:

> *[. . .] meine Überraschung, daß dieses Figurenrücken auf dem Brett dasselbe sei wie mein imaginäres Phantasieren im Denkraum, mochte vielleicht der eines Astronomen ähnlich sein, der sich mit den kompliziertesten Methoden auf dem Papier einen neuen Planeten errechnet hat und ihn dann wirklich am Himmel erblickt als einen weißen, klaren, substantiellen Stern. (S. 93)*

Die Beispiele zeigen, wie sehr Stefan Zweigs Erzählstil – oft allzu wortreich und bemüht – von Vergleichen lebt. Gerne wählt er dabei Vergleiche, die möglichst erlesen wirken sollen: So überlegt der Erzähler beispielsweise, dass Schach mehr sei als ein

Spiel; es sei „auch eine Wissenschaft, eine Kunst, schwebend zwischen diesen Kategorien wie der Sarg Mohammeds zwischen Himmel und Erde [...]" (S. 22). Wie der Sarg Mohammeds nach islamischem Glauben nicht mehr erdverbunden, sondern von der Erdenschwere losgelöst ist, so wird hier auch Schach als eine Disziplin angesehen, die geradezu göttliche Züge aufweist, – eine Auffassung, die wenig später bestätigt wird, indem der Ich-Erzähler sich fragt, „welcher Gott es auf die Erde gebracht" habe (S. 22).

Die eben angeführte Textstelle ist auch in stilistischer Hinsicht interessant. Sie geht wie folgt weiter:

> *[...] eine einmalige Bindung aller Gegensatzpaare; uralt und doch ewig neu, mechanisch in der Anlage und doch nur wirksam durch Phantasie, begrenzt in geometrisch starrem Raum und dabei unbegrenzt in seinen Kombinationen, ständig sich entwickelnd und doch steril, ein Denken, das zu nichts führt, eine Mathematik, die nichts errechnet, eine Kunst ohne Werke, eine Architektur ohne Substanz und nichtsdestominder erwiesenermaßen dauerhafter in seinem Sein und Dasein als alle Bücher und Werke [...] (S. 22).*

Um seine Sonderstellung unter den menschlichen Beschäftigungen hervorzuheben, wird das Schachspiel in geradezu hymnischen Worten gepriesen. Auf den kühnen Vergleich mit Mohammeds Sarg folgt eine Reihe von **Gegensatzpaaren**, die sich eigentlich gegenseitig ausschließen (Paradoxien) und die nach dem Prinzip der Steigerung (Klimax) aufgebaut sind. Die euphorische Ausdrucksweise wirkt hier allerdings eher deplaziert, nicht mehr funktional auf die Geschichte bezogen, da bisher lediglich von Czentovic die Rede war, dessen Schachspiel den genannten Kategorien sicherlich nicht zuzuordnen ist. Die Begeisterung des Autors (auch fürs Schachspiel, aber vor allem für seine eigene Beredsamkeit) hat sich an dieser Stelle gleichsam verselbstständigt.

Dieses letzte Beispiel zeigt aber doch auch, dass Stefan Zweig neben Bildern und Vergleichen auch die Syntax nutzt, um die Atmosphäre einer Situation oder eine Gefühlslage auszudrücken. Auch hierfür zwei Beispiele:

Das „vollkommene Nichts“ (S. 56), in das sich der Gefangene versetzt sieht, führt zu einem sinnlosen Kreisen der Gedanken um sich selbst – und dies schlägt sich auch sprachlich nieder:

> *Es gab nichts zu tun, nichts zu hören, nichts zu sehen, überall und ununterbrochen war um einen das Nichts, die völlige raumlose und zeitlose Leere. Man ging auf und ab, und mit einem gingen die Gedanken auf und ab, auf und ab, immer wieder. Aber selbst Gedanken, so substanzlos sie scheinen, brauchen einen Stützpunkt, sonst beginnen sie zu rotieren und sinnlos um sich selbst zu kreisen; auch sie ertragen nicht das Nichts. Man wartete auf etwas, von morgens bis abends, und es geschah nichts. Man wartete wieder und wieder. Es geschah nichts. Man wartete, wartete, wartete, man dachte, man dachte, man dachte, bis einem die Schläfen schmerzten. Nichts geschah. Man blieb allein. Allein. Allein. (S. 57 f.)*

Dem Leser wird vermittelt, dass die Trost- und Hoffnungslosigkeit dieser Situation vor allem in der Wiederholung des immer Gleichen besteht. Dr. B. fasst die „tückische Tortur dieser Einsamkeit“ (S. 61) noch einmal in Worte: Es stand „immer dasselbe um einen […], immer dasselbe, das entsetzliche Dasselbe“ (S. 61). Auf diese Weise werden die Wiederholungen auf der sprachlich-syntaktischen Ebene und das Insistieren auf den gleichen Wörtern zum Ausdruck für die durch vollkommenen Stillstand und Aussichtslosigkeit geprägte Situation Dr. B.s.

Das **Stilmittel der Wiederholung** wird auch bei der Beschreibung der Verhörmethoden angewandt, und auch hier ist dieses Strukturelement Ausdruck des psychischen Zustandes des Erzählenden:

> *Man wurde gerufen [...], man wußte nicht wohin; dann wartete man irgendwo und wußte nicht wo [...]. Auf dem Tisch lag ein Stoß Papier: die Akten, von denen man nicht wußte, was sie enthielten, und dann begannen die Fragen [...], und während man antwortete, blätterten fremde, böse Finger in den Papieren, von denen man nicht wußte, was sie enthielten, und fremde, böse Finger schrieben etwas in ein Protokoll, und man wußte nicht, was sie schrieben. (S. 58f.)*

Die Zweifel, nicht zu wissen, woran man ist, werden für den Erzähler infolge der Wiederholungen zur Qual, die noch in der Rückerinnerung deutlich spürbar ist.

6 Interpretation von Schlüsselstellen

Monomanie (S. 19)

> *Alle Arten von monomanischen, in eine einzige Idee verschossenen Menschen haben mich zeitlebens angereizt, denn je mehr sich einer begrenzt, um so mehr ist er andererseits dem Unendlichen nahe; gerade solche scheinbar Weltabseitigen bauen in ihrer besonderen Materie sich termitenhaft eine merkwürdige und durchaus einmalige Abbreviatur der Welt. (S. 19)*

Was der Ich-Erzähler über Czentovic weiß und in Form von Anekdoten von seinem Freund erzählt bekommt, weckt seine Neugierde und mit der oben zitierten Begründung möchte er „dieses sonderbare Spezimen [also dieses besondere Beispiel] intellektueller Eingleisigkeit" kennen lernen (S. 19). Eigentlich war ihm ja der Schachweltmeister als eine Person geschildert worden, deren Charakterzüge ihn eher abstoßend erscheinen ließen. Dennoch interessiert er sich für ihn, eben aufgrund der „Monomanie". Diesen Gedanken führt er weiter aus: Im Schach könne sich „jeder Stümper“ versuchen, jedes Kind könne die Grundregeln erlernen,

> *[...] und doch vermag es innerhalb dieses unveränderbar engen Quadrats eine besondere Spezies von Meistern zu erzeugen, unvergleichbar allen anderen, Menschen mit einer einzig dem Schach zubestimmten Begabung, spezifische Genies, in denen Vision, Geduld und Technik in einer ebenso genau bestimmten Verteilung wirksam sind wie im Mathematiker, im Dichter, im Musiker, und nur in anderer Schichtung und Bindung. (S. 22f.)*

Ein Mensch, der sich mit nichts anderem als mit Schach befasst (und zwar außerordentlich erfolgreich), erscheint dem Erzähler jedoch nicht nur als „Genie“ – ein Ausdruck, den er später noch einmal wiederholt (S. 24) –, sondern auch als ein „Narr“ (S. 24). Denn trotz seiner Begeisterung für das Schachspiel kann sich der Erzähler kaum vorstellen, dass jemand sich ausschließlich mit 32 Holzfiguren auf einem hölzernen Brett beschäftigen und darin seinen Lebenssinn sehen kann. Eine solche Ausschließlichkeit erscheint ihm geradezu „lächerlich“; ein „geistige[r] Mensch“ müsse darüber „wahnsinnig“ werden (S. 24).

Hier wird vom Erzähler bereits – obwohl zunächst nur von Czentovic die Rede ist – das Auftreten der zweiten schachspielenden Hauptfigur vorbereitet. Denn vieles aus der genannten Charakteristik passt auch zu Dr. B. Es ist insofern keine Überraschung, dass der Begriff „monomanisch“ auch von diesem selbst in Bezug auf sein Schachspiel verwendet wird. In seinem Zustand einer „durchaus pathologische[n] Form geistiger Überreizung“, für den er den Begriff „Schachvergiftung“ (S. 85 f.) erfunden hat, verfällt Dr. B. in eine „monomanische Besessenheit“ (S. 86), die seine Psyche, aber auch seinen Körper in Mitleidenschaft zieht.

Bezieht der Leser die Bemerkungen des Erzählers über jene „sonderbaren Genies“ also auch auf Dr. B., liegt die Frage nahe, ob diese „Abbreviatur der Welt“ eine weitergehende – politische – Deutung in dem Sinne erlaubt, dass beide Hauptpersonen für gesellschaftliche Gruppen stehen könnten. Diese Frage kann verneint werden. Dass es verfehlt wäre, etwa in Czentovic eine Verkörperung der Gestapo oder gar Hitlers selbst zu sehen, wurde bereits nachgewiesen. Der durch und durch unpolitische und wohl auch wegen seiner geistigen Unbeweglichkeit desinteressierte Czentovic fasziniert lediglich wegen seiner spezifischen und fast unerklärlichen Fähigkeit, dieses komplizierte Spiel derart meisterlich zu beherrschen; seiner „absolute[n] intellektuelle[n] Trägheit“ ist „dies spezifische Genie“, die Begabung für Schach, „eingesprengt [...] wie ein einzelner Faden Gold in einem Zentner tauben Gesteins“ (S. 23). Dr. B. dagegen ist unvergleichlich vielseitiger, gebildeter, herzlicher; die „Monomanie“ ist bei ihm keine Eigenschaft, sondern eine – glücklicherweise vorübergehende – Form der Erkrankung (vgl. S. 96: „Jeder, der einer Manie verfallen war, bleibt für immer gefährdet“).

Wenn die finale Auseinandersetzung zwischen Czentovic und Dr. B. am Schachbrett mit Ausdrücken beschrieben wird, als würden sich hier „zwei Feinde“ in „leidenschaftliche[m] Haß“ zu „vernichten“ suchen (S. 104), dann geht es – trotz der verwendeten Kriegsmetaphern – nicht um das Aufeinandertreffen zweier politischer Systeme, sondern zweier Persönlichkeitstypen. Gerade weil die „Monomanie“ nicht Teil der Wesensart Dr. B.s ist, sondern eine Folge der Isolationshaft und des Versuchs, mit den Mitteln des Geistes dagegen anzukämpfen, ist er gegenüber dem unerschütterlichen Czentovic letztlich nicht imstande, seine geistige Überlegenheit durchzusetzen. Ausgelöst wird diese Monomanie bei Dr. B. beide Male durch sich ähnelnde Vorgänge: in der Haft war es das „teuflisch sinnvoll[e]“ (S. 61) System der Isolierung, in der Schachpartie die „boshaft langsam[e]“ (S. 105) Spielweise des Gegners. Stefan Zweig geht es darum, zu zeigen, welche Persönlichkeitsveränderungen Folter und geistige Überreizung zur Folge haben können. Dies verdeutlicht er auch dadurch, dass selbst der überaus kultivierte Dr. B. im Verlauf der beiden Krisen unter dem Druck der herrschenden Umstände in einen vorzivilisatorischen Zustand zurückfällt: Sein Verhalten während des Spiels wird mit dem einer lauernden Katze (vgl. S. 100) oder eines „eingesperrte[n] Tier[es]" (S. 101) verglichen; der sonst „so stille und ruhige Mensch" (S. 103) legt sein bisheriges höfliches Verhalten ab, er „faucht" seinen Gegner an (S. 105), wird grob und beleidigend, bis er schließlich völlig außer sich gerät, die konkrete Situation vergessend.

Die Charakterisierung der beiden Personen als „monomanisch" hebt also die Differenz zwischen ihnen keineswegs auf. Czentovic wird aufgrund der „Monomanie" eine fast lächerliche Figur (vgl. S. 17), da er nichts anderes kennt; er wird sich auch nicht ändern. Dr. B. kann sich in beiden Situationen, in denen das Schachspiel zum Wahnsinn zu führen droht, retten; er wird, sofern er kein Schachbrett mehr anrührt, keinen Rückfall mehr erleiden.

„Noch eine Partie?" (S. 103, Z. 4–22)

Nach der überraschenden Niederlage des Weltmeisters gegen den Unbekannten hätte Dr. B. eigentlich aufhören müssen, jedenfalls hat er diese Absicht zuvor wiederholt geäußert und begründet. Insofern soll nun untersucht werden, was seinen Meinungsumschwung bewirkt hat.

Der Erzähler tritt in dieser Situation nicht nur als Beobachter, sondern als ein im wahrsten Sinne Mitleidender auf: „eine mir unangenehme Begeisterung"; „mein [...] Unbehagen [...] wuchs zu einer Art Angst". Schließlich versucht er sogar einzugreifen, um – letztlich vergeblich – das Unheil aufzuhalten, das er als Einziger aufgrund seiner Kenntnis der Vorgeschichte heraufkommen sieht; denn er hat noch die Beteuerung Dr. B.s im Ohr, es bei dieser „eine[n] Partie bewenden zu lassen". Diese sollte

„nichts als der Schlußstrich unter eine alte Rechnung sein – eine endgültige Erledigung und nicht ein neuer Anfang …" (S. 95). Diesen Wunsch hatte Dr. B. noch einmal mit dem ausdrücklichen Verweis auf den ärztlichen Rat wiederholt, „keinem Schachbrett [mehr] nahe[zu]kommen"; da Schach seinerzeit für ihn zur „Manie", also zur suchtähnlichen Krankheit, geworden sei, bleibe er „für immer gefährdet" (S. 96; vgl. *Interpretationshilfe* S. 73).

Diese Gefährdung hat Dr. B. offensichtlich unterschätzt. Er setzt sich ihr mit durchaus nachvollziehbaren rationalen Argumenten aus, indem er seine „posthume Neugier" anführt, „ob das in der Zelle damals noch Schachspiel oder schon Wahnsinn" gewesen sei (S. 95). Auch damals hatte er sich gesagt, dass ein Spielen gegen sich selbst eigentlich absurd sei und deshalb zur Bewusstseinsspaltung führen müsse.

In der angeführten Textstelle und in den Passagen unmittelbar davor wiederholt sich das Geschehen aus der Zelle: Er geht „wie ein eingesperrtes Tier im Käfig" auf und ab (S. 101), er büßt seine sonst so ruhige Art völlig ein und zeigt eine „sichtbare Exaltiertheit" (S. 103). Mehrfach wird auf das „Fieberhafte" seines Verhaltens hingewiesen: „im […] fiebernden Blick" (S. 101), „mit fiebriger Hast", „wie von einem jähen Fieber geschüttelt" (jeweils S. 103).

Als Ursache für diese unselige Entwicklung lässt sich die quälend langsame Spielweise Czentovics nennen. Anfangs war Dr. B. „vollkommen locker und unbefangen" an das Spiel herangegangen; „der geistige Gegensatz im Habitus der beiden Partner" erscheint dem Erzähler unverkennbar (S. 97). Aber trotz der wachsenden Anspannung – der Erzähler beobachtet im Gesicht Dr. B.s einen „ärgerliche[n] und fast feindselige[n] Zug", (S. 99) – und der teilweise auch ausgesprochenen Feindseligkeiten geht es hier nicht um eine persönliche Auseinandersetzung. Die „Schachvergiftung", die Dr. B. hier erneut zu erfassen droht, wird vielmehr mit Kategorien beschrieben, die denen einer

Sucht entsprechen.[26] Hatte er bereits in seiner Zelle alles um sich herum vergessen und war nur darauf aus, weiterspielen zu können, so ist er auch jetzt einem vernünftigen Zuspruch oder einer Warnung gegenüber unzugänglich.

Die Schlussszene (S. 109, Z. 6, bis S. 110)

Mit einem harten und schmerzhaften Griff ist es dem Erzähler gelungen, Dr. B. aus seiner „fiebrigen Verwirrtheit" (S. 109) zu reißen. Vorausgegangen ist – nach dem Ende der ersten, von Dr. B. gewonnenen Partie – der erneute Ausbruch des Wahnsinns, der seinen Höhepunkt darin findet, dass sich Dr. B. in einer ganz anderen Partie wähnt und Czentovic Schach bietet, ohne dass die Situation dies erlaubte. So wie der Ausbruch dieses zweiten Wahnsinns in ähnlicher Weise beschrieben wird wie der des ersten in der Zelle, so verläuft auch die ‚Heilung' parallel: Damals hat sich Dr. B. in seinem „tollwütigen Zustand" verletzt und wurde mit „einer Art Gehirnfieber" (S. 91) ins Krankenhaus gebracht, wo er schließlich geistig erfrischt wieder erwachte; jetzt führt die schmerzhafte Erinnerung an die damals erlittene Verletzung erneut zu einem Erwachen und dem Eingeständnis, „pure[n] Unsinn" von sich gegeben zu haben (S. 109). Dr. B. befindet sich wieder in der Realität, in der er erneut den Entschluss fasst, nie wieder ein Schachbrett anzurühren – und es ist anzunehmen, dass er sich diesmal an seinen Vorsatz hält; jedenfalls ist sich der Erzähler dessen sicher. Somit könnte es Dr. B. gelingen, doch noch zur Ruhe zu kommen.

Zur Rezeption der Novelle

In dem oben im Zusammenhang mit der Entstehungsgeschichte zitierten Brief an Hermann Kesten (vgl. *Interpretationshilfe* S. 11) hatte Stefan Zweig die Vermutung geäußert, das kleine Werk sei „zu abstrakt für das große Publikum, zu abseitig in seinem Thema."[27] Sollte Zweig seine *Schachnovelle* tatsächlich für ungeeignet gehalten haben, eine breite Leserschaft zu finden, so wird diese Einschätzung jedenfalls durch die Rezeption, die das Werk fast übereinstimmend für eine Meisterleistung hält, nicht bestätigt.

Infolge der politischen Situation in Deutschland und Österreich war die *Schachnovelle* zunächst in Buenos Aires und erst dann, ein Jahr später (1943), im Stockholmer Emigrantenverlag Bermann Fischer erschienen. Erste Übersetzungen ins Englische – unter dem Titel *The Royal Game* – wurden freundlich aufgenommen; so konstatierte ein amerikanischer Rezensent: „Brilliant writing. Recommended".[28]

Nach dem Krieg begann der Siegeszug der Novelle auch in Europa. Das Werk erfuhr zahlreiche Auflagen und Übersetzungen. Allein die Taschenbuchausgabe des Fischer Verlags hat Ende 2005 die 53. Auflage erreicht. Als Schullektüre hat sich die Novelle durchgesetzt.

Im Jahre 1960 wurde das Buch von Gerd Oswald – ebenfalls unter dem Titel *Schachnovelle* – verfilmt. Diese **Schwarz-Weiß-Verfilmung** mit Mario Adorf als Czentovic und Curd Jürgens als Dr. Werner von Basil stellt eine eigenwillige Interpretation des Textes dar; deshalb soll kurz darauf eingegangen werden.

Der Regisseur hat stark in die Handlung der Vorlage eingegriffen, indem er die Vorgeschichte Czentovics völlig wegließ und dafür die Vorgeschichte Dr. B.s, der jetzt als Dr. von Basil firmiert, stark ausschmückte. Dies geschieht vor allem dadurch, dass er zwei weitere Personen einführt: den Gestapooffizier, der die Verhöre leitet, sowie eine Frau, die Balletttänzerin Irene, die sich nur dem Scheine nach mit diesem Offizier einlässt, um Dr. von Basil helfen zu können.

Der überzeugte Nationalsozialist und Gestapooffizier Hans Berger (Hansjörg Felmy) und die Tänzerin Irene Andreny (Claire Bloom) in Gerd Oswalds Film von 1960

Weitere spannungsfördernde Elemente ziehen die Handlung zusätzlich in die Länge: Der Gestapooffizier muss seinen Vorgesetzten Rechenschaft darüber ablegen, warum er in den Verhören nicht weiterkommt; oder: der Wagen, der den freigelassenen Dr. von Basil zum Schiff bringen soll, wird aufgehalten.

Interessant ist es, einzelne Sequenzen des Films mit der entsprechenden Textstelle zu vergleichen; hierfür bietet sich zum Beispiel der Abschnitt an, als Dr. B. (Werner von Basil) das Schachbuch in seinen Besitz bringt und anschließend, nach seiner ersten Enttäuschung, beginnt, die Partien nachzuspielen.

Hier muss der Film die inneren Vorgänge durch Großaufnahmen der Gesichtszüge, klangliche Elemente (Musik, aber auch etwa das Tropfen des Wasserhahns) zum Ausdruck bringen. Die Beschränktheit filmischer Mittel bei der Gestaltung von Zeit zeigt sich etwa in dem Regieeinfall, dass Dr. von Basil sich allmählich äußerlich zu seinen Ungunsten verändert.

Curd Jürgens in der Rolle des Werner von Basil. Szene aus Gerd Oswalds Verfilmung von Stefan Zweigs „Schachnovelle"

Die Resonanz auf den Film blieb im Allgemeinen verhalten. Zumeist wurden die (vermeintlichen) Schwächen der filmischen Umsetzung, des so genannten „Plots", hervorgehoben. Die Wiener Stefan-Zweig-Gesellschaft veröffentlichte unmittelbar nach der Uraufführung eine Besprechung, die einige dieser Defizite zur Sprache brachte, aber trotz allem glaubte loben zu müssen, dass der Film sicherlich so manchen Zuschauer zur Lektüre des Werkes anregen werde; und vielleicht könne er auch „der heutigen, wieder gefährdeten Jugend einen (wenn auch nur schwachen) Widerschein der Wahrheit über jene düsterste Epoche unseres Jahrhunderts vermitteln, aus dem sie lernen möge für ihr eigenes Leben."[29] Die schauspielerischen Leistungen Mario Adorfs und Curd Jürgens' fanden allgemeine Anerkennung, auch wenn vielfach ausgedrückt wurde, dass Curd Jürgens eher den stadtbekannten Lebemann (also sich selbst) spielte als den unauffälligen und bescheidenen Rechtsanwalt Dr. B. Heute wird der Film eher negativ beurteilt; er halte den hohen Erwartungen, die die Lektüre auslöse, nicht stand.[30]

Die **literaturwissenschaftliche Forschung** zur *Schachnovelle* hielt viel zu lange an politisierenden Interpretationen – wie etwa der Gleichsetzung Czentovics mit dem Faschismus oder direkt mit der Person Hitlers – fest. Dem haben die beiden amerikanischen Germanisten Donald G. Daviau und Harvey I. Dunkle überzeugend und nachhaltig widersprochen.[31]

Eine sachgerechte und zugleich den heutigen Stand der Forschung repräsentierende Interpretation stammt von dem dänischen Germanisten Bengt Algot Sørensen, der den Nachweis führt, dass das Interesse Stefan Zweigs an der Auseinandersetzung zwischen Dr. B. und Czentovic weniger politischer als psychologischer Natur ist.[32]

Literaturhinweise

Verwendete Textausgabe

ZWEIG, STEFAN: *Schachnovelle.* 53. Auflage. Frankfurt a. M.: Fischer Taschenbuch Verlag 2005 (Fischer Taschenbuch 1522).
Nach dieser Ausgabe wird im Text zitiert.
Der Text folgt dem Originaltyposkript. Erstausgaben in deutscher Sprache: Buenos Aires: Pygmalion 1942; Stockholm: Bermann Fischer 1943

Weitere Texte von Stefan Zweig

Briefe an Freunde. Hrsg. von Richard Friedenthal. Frankfurt a. M.: S. Fischer Verlag 1978

Die Welt von Gestern. Erinnerungen eines Europäers. 34. Auflage. Frankfurt a. M.: Fischer Taschenbuch Verlag 2003 (Fischer Taschenbuch 1152).
Im Text zitiert als: *Die Welt von Gestern*

Zeugnisse und Dokumente

ARENS, HANNS (Hrsg.): *Stefan Zweig. Im Zeugnis seiner Freunde.* München & Wien: Langen Müller 1968

KESTEN, HERMANN (Hrsg.): *Deutsche Literatur im Exil. Briefe europäischer Autoren 1933–1949.* Wien, München, Basel: Desch 1964

RENOLDNER, KLEMENS; HOLL, HILDEMAR; KARLHUBER, PETER (Hrsg.): *Stefan Zweig. Bilder. Texte. Dokumente.* Salzburg & Wien: Residenz-Verlag 1993
In den Anmerkungen zitiert als: Renoldner

Forschungsliteratur

BERLIN, JEFFREY B.: Stefan Zweig and his American Publisher: Notes on an Unpublished Correspondence with Reference to *Schachnovelle* and *Die Welt von Gestern.* In: *Deutsche Vierteljahresschrift für Literaturwissenschaft und Geistesgeschichte* 56 (1982), S. 259–276

DAVIAU, DONALD G. / DUNKLE, HARVEY I.: Stefan Zweigs *Schachnovelle.* In: *Monatshefte für deutschen Unterricht, deutsche Sprache und Literatur* 65 (1973), S. 370–384

HAENEL, THOMAS: *Stefan Zweig. Psychologe aus Leidenschaft. Leben und Werk aus der Sicht eines Psychiaters.* Düsseldorf: Droste 1995

KLAWITER, RANDOLPH J.: *Stefan Zweig. A Bibliography.* Chapell Hill: The University of North Carolina Press 1969

KLEIN, JOHANNES: *Geschichte der Deutschen Novelle.* 4., verbesserte und erweiterte Auflage. Wiesbaden: Steiner 1960, S. 562–564

MÜLLER, HARTMUT: *Stefan Zweig in Selbstzeugnissen und Bilddokumenten.* Reinbek bei Hamburg: Rowohlt Taschenbuch Verlag 1988, 4. Aufl. 1992 (Rowohlts Monographien 1090)

PRATER, DONALD A.: *Stefan Zweig. Das Leben eines Ungeduldigen.* Aus dem Englischen von Annelie Hohenemser. München: Carl Hanser Verlag 1981, 2. Auflage 1982

PRATER, DONALD A.: *Stefan Zweig und die Welt von Gestern.* Wien: Picus-Verlag 1995

ROVAGNATI, GABRIELLA: *„Umwege auf dem Wege zu mir selbst“. Zu Leben und Werk Stefan Zweigs.* Bonn: Bouvier 1998
In den Anmerkungen zitiert als: Rovagnati

SCHWAMBORN, INGRID: Schachmatt im brasilianischen Paradies. Die Entstehungsgeschichte der *Schachnovelle.* In: *Germanisch-Romanische Monatsschrift* 34 (1984), S. 404–430

SØRENSEN, BENGT ALGOT: Stefan Zweig: *Schachnovelle.* In: *Interpretationen. Erzählungen des 20. Jahrhunderts.* Band 1. Stuttgart: Reclam Verlag 1996, S. 250–264 (RUB 9462)

SØRENSEN, BENGT ALGOT: Zeitgefühl und Zeitgestaltung in Stefan Zweigs Erzählungen. In: MARK H. GELBER (Hrsg.): *Stefan Zweig heute.* New York: Peter Lang Verlag 1987, S. 65–78

STRELKA, JOSEPH: *Stefan Zweig. Freier Geist der Menschlichkeit.* Wien: Österreichischer Bundesverlag 1981

VESELÝ, JIŘÍ: Das Schachspiel in der *Schachnovelle.* In: *Österreich in Geschichte und Literatur* 13 (1969), S. 517–523

Anmerkungen

1 Zitiert nach: Renoldner, S. 142
2 Stefan Zweig: *Brasilien. Ein Land der Zukunft.* Das Buch erschien zuerst 1941 zugleich in Deutsch, Portugiesisch und Englisch bei Bermann-Fischer in Stockholm. Neudruck Frankfurt a. M.: S. Fischer Verlag 1994, mit einem Nachwort von Volker Michels.
3 Aus einer Rede im Mai 1941 in New York vor dem „European PEN of America", zitiert nach Rovagnati, S. 253; der Text ist als Faksimile abgedruckt bei Renoldner, S. 205.
4 Zitiert nach: Rovagnati, S. 252
5 Zitiert nach der Originalhandschrift, als Faksimile wiedergegeben bei Renoldner, S. 212
6 Zitiert nach: Renoldner, S. 216 f.
7 Thomas Haenel: *Stefan Zweig. Psychologe aus Leidenschaft. Leben und Werk aus der Sicht eines Psychiaters.* Düsseldorf 1995, S. 257
8 Zitiert nach: Renoldner, S. 208
9 Zitiert nach: Renoldner, S. 209
10 *Briefe an Freunde,* S. 337
11 Zitiert nach: Kesten, S. 199. – Auch in einem Brief an Friderike vom 17. September 1941 spricht Zweig von einer „abseitigen Novelle"; zitiert nach: Sørensen, S. 251
12 Zitiert nach: Kesten, S. 199
13 Die folgende Begriffsbestimmung orientiert sich im Wesentlichen an der Darstellung bei: Gero von Wilpert: *Sachwörterbuch der Literatur.* 8., verbesserte und erweiterte Auflage, Stuttgart: Alfred Kröner Verlag 2001, S. 566 ff.
14 Zur Verfilmung siehe *Interpretationshilfe* S. 77 ff.
15 Zitiert nach: Kesten, S. 199
16 Beispiel entnommen aus: László Polgár: *Chess. Training in 5333 + 1 Positions.* Köln 1994, S. 846

17 Auf diese Unstimmigkeiten weist zum Beispiel Johannes Fischer in seiner „Karl-Kolumne“ im Internet hin (http://www.karlonline.org/kol03.htm).

18 Michail Illarionowitsch Kutusow (1745–1813) war Oberbefehlshaber der preußisch-russischen Truppen im Befreiungskrieg gegen Napoleon 1812/13; mit „Fabius Cunctator“ ist der römische Feldherr Quintus Fabius Maximus Verrucosus (ca. 275–203 v. Chr.) gemeint, der wegen seiner vorsichtigen und hinhaltenden Kriegsführung den Beinamen „Cunctator“ („der Zögerer“) erhielt; dieses von den Römern zunächst verachtete Verhalten führte zum Sieg der römischen Truppen über den an Kriegskunst überlegenen karthagischen Feldherrn Hannibal im Zweiten Punischen Krieg (218–201 v. Chr.).

19 Auszug aus dem Artikel *„diletto“* in: *Wörterbuch der italienischen und deutschen Sprache. Erster Teil: Italienisch – Deutsch.* Wiesbaden, Florenz und Rom 1970 *(Die Großen Sansoni Wörterbücher)*, S. 419: „Wohlgefallen, Gefallen, Genuss [...]; Vergnügen; *con diletto* mit Wohlgefallen.“ – Allerdings wird das Substantiv *„dilettante“* auch im Sinne von Amateur, Stümper verwendet.

20 Zu den kulturphilosophischen Aspekten vgl. Johan Huizinga: *Homo ludens. Vom Ursprung der Kultur im Spiel* (1939). Neudruck: Reinbek: Rowohlt 1994

21 Vgl. Haenel (Anmerkung 7), S. 258

22 Das Haus wurde im Zweiten Weltkrieg zerstört und nicht wieder aufgebaut. An seiner Stelle befindet sich heute eine Gedenktafel mit der Inschrift: „Hier stand das Haus der Gestapo. Es war für die Bekenner Österreichs die Hölle. Es war für viele von ihnen der Vorhof des Todes. Es ist in Trümmer gesunken wie das Tausendjährige Reich. Österreich aber ist wiederauferstanden und mit ihm unsere Toten, die unsterb-

lichen Opfer.“ (Zitiert nach: *Wikipedia, the free encyclopedia:* www.wikipedia.com).

23 Selbst Schuschnigg verbrachte den Weltkrieg in verschiedenen Konzentrationslagern.

24 Vgl. Joseph Strelka: *Stefan Zweig. Freier Geist der Menschlichkeit.* Wien 1981

25 Vgl. Strelka (Anmerkung 24), S. 141

26 Schon bei McConnor spielte die Spielsucht eine wichtige Rolle (vgl. S. 35), wie überhaupt Stefan Zweig sich für dieses Thema stark interessierte (vgl. seine Novelle *Vierundzwanzig Stunden aus dem Leben einer Frau* sowie seine Dostojewski-Biografie in *Drei Meister*).

27 Siehe Anmerkung 11; vgl. auch *Interpretationshilfe* S. 11 f.

28 M. P. McKay: The Royal Game. In: *Library Journal* 64, New York 1. April 1944, S. 304

29 Erich Fitzbauer: Die *Schachnovelle* als Film. In: *Blätter der Stefan-Zweig-Gesellschaft Wien,* Band 8, Heft 10, 1960, S. 17 bis 19, hier: S. 19

30 Als Beispiel für viele mag die Onlinerezension unter www.imdb.com dienen.

31 Donald G. Daviau / Harvey I. Dunkle: Stefan Zweigs *Schachnovelle.* In: *Monatshefte für deutschen Unterricht, deutsche Sprache und Literatur* 65 (1973), S. 370–384

32 Bengt Algot Sørensen: Stefan Zweig: *Schachnovelle.* In: *Interpretationen. Erzählungen des 20. Jahrhunderts.* Band 1. Stuttgart: Reclam Verlag 1996 (RUB 9462), S. 250–264

Ihre Meinung ist uns wichtig!

Ihre Anregungen sind uns immer willkommen. Bitte informieren Sie uns mit diesem Schein über Ihre Verbesserungsvorschläge!

Titel-Nr.	Seite	Vorschlag

Bitte hier abtrennen

Lernen • Wissen • Zukunft
STARK

Bitte hier abtrennen

Zutreffendes bitte ankreuzen! Die Absenderin/der Absender ist:

- ☐ Lehrer/in in den Klassenstufen:
- ☐ Fachbetreuer/in
  Fächer:
- ☐ Seminarlehrer/in
  Fächer:
- ☐ Regierungsfachberater/in
  Fächer:
- ☐ Oberstufenbetreuer/in
- ☐ Schulleiter/in
- ☐ Referendar/in, Termin 2. Staatsexamen:
- ☐ Leiter/in Lehrerbibliothek
- ☐ Leiter/in Schülerbibliothek
- ☐ Sekretariat
- ☐ Eltern
- ☐ Schüler/in, Klasse:
- ☐ Sonstiges:

STARK Verlag
Postfach 1852
85318 Freising

19-V1P

Bitte ausfüllen und im frankierten Umschlag an uns einsenden. Für Fensterkuverts geeignet.

Kennen Sie Ihre Kundennummer?
Bitte hier eintragen.

Absender (Bitte in Druckbuchstaben!)

Name/Vorname

Straße/Nr.

PLZ/Ort/Ortsteil

Telefon privat

Geburtsjahr

E-Mail

Schule/Schulstempel (Bitte immer angeben!)

Unterrichtsfächer: (Bei Lehrkräften!)

(Bitte blättern Sie um)

Englisch Interpretationen

Albee:
Who's afraid of Virginia Woolf? .... Best.-Nr. 2500101
Atwood: *The Handmaid's Tale* .... Best.-Nr. 2500181
Auster: *Moon Palace* .... Best.-Nr. 2500031
Boyle: *The Tortilla Curtain* .... Best.-Nr. 2500131
Bradbury: *Fahrenheit 451* .... Best.-Nr. 2500141
20th Century English Short Stories .... Best.-Nr. 2500151
Fitzgerald: *The Great Gatsby* .... Best.-Nr. 2500191
Golding: *Lord of the Flies* .... Best.-Nr. 2500051
Hornby: *About a Boy* .... Best.-Nr. 2500201
Ishiguro: *The Remains of the Day* .... Best.-Nr. 2500171
Lessing: *The Fifth Child* .... Best.-Nr. 2500071
Lodge: *Changing Places* .... Best.-Nr. 2500091
MacLaverty: *Cal* .... Best.-Nr. 2500161
Priestley: *An Inspector Calls* .... Best.-Nr. 2500081
Russell: *Educating Rita* .... Best.-Nr. 2500061
Salinger: *Catcher in the Rye* .... Best.-Nr. 2500111
Shakespeare: *Macbeth* .... Best.-Nr. 2500011
Shakespeare: *Romeo and Juliet* .... Best.-Nr. 2500041
Shaw: *Pygmalion* .... Best.-Nr. 2500121
Shepard: *True West* .... Best.-Nr. 2500211
Williams: *A Streetcar Named Desire* ..... Best.-Nr. 2500221

Englisch Training

Übersetzungsübung .... Best.-Nr. 82454
Grammatikübung .... Best.-Nr. 82452
Themenwortschatz .... Best.-Nr. 82451
Grundlagen, Arbeitstechniken und
Methoden mit CD .... Best.-Nr. 944601
Sprachmittlung .... Best.-Nr. 94469
Sprechfertigkeit mit CD .... Best.-Nr. 94467
Abitur-Wissen
Landeskunde Großbritannien .... Best.-Nr. 94461
Abitur-Wissen Landeskunde USA .... Best.-Nr. 94463
Abitur-Wissen
Englische Literaturgeschichte .... Best.-Nr. 94465
Kompakt-Wissen Abitur
Themenwortschatz .... Best.-Nr. 90462
Kompakt-Wissen Grundwortschatz ...... Best.-Nr. 90464
Kompakt-Wissen Kurzgrammatik .... Best.-Nr. 90461
Kompakt-Wissen Abitur
Landeskunde/Literatur .... Best.-Nr. 90463
Kompakt-Wissen Abitur – Ausgabe NRW
Landeskunde/Literatur .... Best.-Nr. 50463

Latein Training

Abitur-Wissen
Lateinische Literaturgeschichte .... Best.-Nr. 94602
Abitur-Wissen Prüfungswissen Latinum Best.-Nr. 94608
Kompakt-Wissen Kurzgrammatik .... Best.-Nr. 906011

Französisch Interpretationen

Camus: *L'Etranger/Der Fremde* .... Best.-Nr. 2550041
Sartre: *Huis clos/*
Geschlossene Gesellschaft .... Best.-Nr. 2550051

Französisch Training

Landeskunde Frankreich .... Best.-Nr. 94501
Themenwortschatz .... Best.-Nr. 94503
Literatur .... Best.-Nr. 94502
Textarbeit Oberstufe .... Best.-Nr. 94504
Sprachmittlung · Übersetzung .... Best.-Nr. 94512
Abitur-Wissen
Französische Literaturgeschichte .... Best.-Nr. 94506
Kompakt-Wissen Abitur
Themenwortschatz .... Best.-Nr. 945010
Kompakt-Wissen Kurzgrammatik .... Best.-Nr. 945011
Kompakt-Wissen Grundwortschatz ...... Best.-Nr. 905001

Spanisch

Kompakt-Wissen Abitur
Themenwortschatz .... Best.-Nr. 945401

Fachübergreifend

Richtig Lernen – Tipps und
Lernstrategien für die Oberstufe .... Best.-Nr. 10483
Referate und Facharbeiten
für die Oberstufe .... Best.-Nr. 10484
Training Methoden – Meinungen äußern,
Ergebnisse präsentieren .... Best.-Nr. 10486

Bestellungen bitte direkt an:
STARK Verlagsgesellschaft mbH & Co. KG · Postfach 1852 · 85318 Freising
Tel. 0180 3 179000* · Fax 0180 3 179001* · www.stark-verlag.de · info@stark-verlag.de
*9 Cent pro Min. aus dem deutschen Festnetz, Mobilfunk bis 42 Cent pro Min.
Aus dem Mobilfunknetz wählen Sie die Festnetznummer: 08167 9573-0

Lernen • Wissen • Zukunft
STARK

19-V1P